이익의 90%는 가격 결정이 좌우한다

MOUKE NO 9WARI WA "NEGIME" DE KIMARU!

Edited by CHUKEI PUBLISHING
First published in Japan in 2012 by KADOKAWA CORPORATION, Tokyo.
Korean translation rights arranged with KADOKAWA CORPORATION, Tokyo
through Eric Yang Agency Inc, Seoul.

이익의 90%는 가격 결정이 좌우한다

니시다 준세이 지음 | 황선종 옮김

한국경제신문

일러두기

- 국내에 번역된 책은 출간된 제목으로 소개했습니다.
- 번역되지 않은 책의 경우에는 원서 제목을 직역한 글과 원서 제목을 함께 소개했습니다.

갈수록 악화되는 경영 환경.
수많은 회사가
살아남기 위해 필사적이다.

당신 회사에서도
이런 지시를 하고 있지 않은가?

매출을 올려라!
비용을 절감해라!
가격을 내려서라도 거래를 성사시켜라!

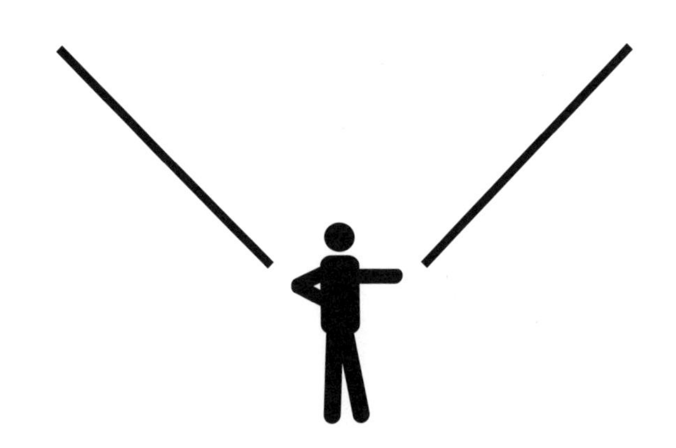

그런데 이익이 나지 않는다.
이것이 95퍼센트의 회사가 처해 있는 현실이다.

이익을 내지 못하는 95퍼센트의 회사,
그리고 막대한 이익을 내는 5퍼센트의 회사.

무엇 때문에 이런 차이가 생기는 걸까?

그것은, 바로 **가격 결정!**

전체 회사 중 5퍼센트에 해당하는
'막대한 이익을 올리는 회사'에는 가격을 결정하는 중요한 원칙이 있다.
그리고 그런 회사는 가격에 숨겨진 어떤 '비밀'을 알고 있다.

'표면가격'과 '이면가격'이 존재한다는 비밀을!

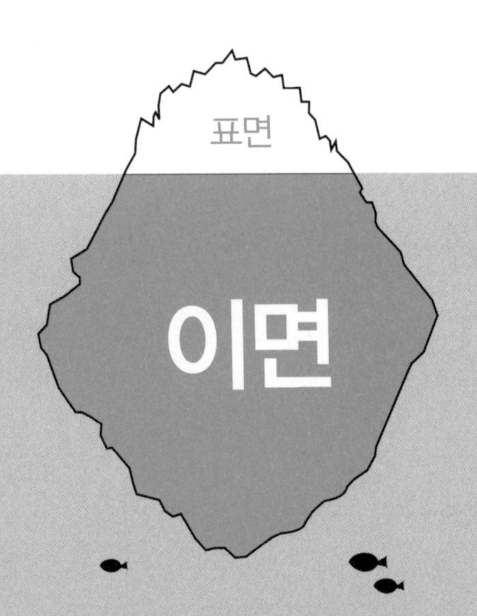

‘표면가격’ 뒤에 숨어 있는 ‘이면가격’의 6가지 비밀

이것을 알면 당신의 회사는
확실하게 **이익**을 낼 수 있다.

저자의 글

불황이 길어지자 "가격을 깎더라도 거래를 성사시켜라!", "좀 더 비용을 절감시키자!"라면서 직원들을 압박하는 회사가 많아지고 있다. 그러나 그런 방법도 이제 한계에 이르는 상황이 되었다.

디플레이션으로 제품가격은 곤두박질치고 원재료 가격은 상승하여 가격 경쟁의 여력이 남아 있지 않다. 이것이 바로 눈앞에 닥친 현실이다.

앞으로 더 나빠질 것이다. 물가와 세금 등은 꾸준하게 올라서 원가 상승을 부추기지만 대기업의 하청업체인 중소기업은 현실적으로 상승된 비용을 기존 가격에 추가해서 청구하기 어렵다.

정부는 중소기업이 가격에 반영할 수 있도록 했지만 대금 감액과 지불 지연 등 악질적인 '(하청업체를 괴롭히는) 갑질'이 버젓이 행해지는 현실을 생각하면, 그 실효성에 의문이 든다. 오히려 대기업의 가격을 내리라는 요구에 고개 숙이는 중소기업이 나올 뿐이다.

지금까지 필사적으로 비용을 삭감해서 이익을 짜내 왔을 것이다. 하지만 이제는 '가격 결정'을 재검토해야 하는 시기에 들어섰다. 경우에 따라서는 '가격을 올리는' 결단도 필요하다.

"가격을 올리세요"라고 권유하면 회사들 대부분은 "그게 과연 가능한 일인가?", "고객들이 등을 돌리게 된다"라며 고개를 내젓는다. 물론 나도 아무 생각 없이 다짜고짜 가격을 올리라고 권할 생각은 추호도 없다. **'가**

격 결정'이라는 수단을 통해 뛰어난 제품을 필요 이상으로 저렴하게 판매하거나 고객(또는 거래처)**의 눈치 때문에 이익을 내지 못하는 상황은 벗어나야 한다**는 사실을 전달하고 싶은 것이다. 지금까지 아무 전략도 없이 너무 쉽게 가격을 결정해서 잃어버렸던 이익을 되찾아야 한다.

교세라의 창업자이자 일본에서 가장 존경받는 경영인 중 한 사람인 이나모리 가즈오는 저서 《일심일언》에서 '가격을 결정하는 것은 곧 경영' 이라고 했다.

> 나는 '경영자 스스로가 가격 결정을 해야 한다' 고 생각한다. (중략) 만약 가격 결정에 따라 회사의 실적이 나빠졌는가? 이는 경영자가 가진 그릇의 문제이자 마음의 문제다. 즉, 경영자의 빈곤한 철학이 만들어낸 결과인 것이다.

이처럼 가격 결정은 경영의 근간을 이루는 일인데도 수많은 회사가 '가격 결정에 대한 원칙'을 명확하게 정해놓고 있지 않다. 내 경험상 이익에 민감한 5퍼센트의 회사만이 가격에 대한 원칙이 정리되어 있다. 그 회사들은 혹독한 경영 환경 속에서도 확실하게 이익을 올리고 있다.

나는 지금까지 수많은 회사의 경영을 지도하면서 수익을 개선시켰는데, 그 핵심은 바로 '가격 결정'이었다. **당신 회사도 '가격 결정'을 제대로 하면 반드시 살아남을 수 있다.**

이 책은 '표면가격(제품의 표면에 명시된 가격)'이 아니라 '이면가격(표면가격 뒤에 있어 보이지 않지만 제품가에 영향을 미치는 가격)'에 초점을 맞추고 있다. 가격을 결정할 때는 '표면가격'뿐만 아니라 그 뒤에 숨어 있는 (이면)가격을 결정하는 6가지 원칙에 눈을 돌릴 필요가 있다. 나는 이것을 '이면가격의 6가지 원칙'이라고 부르고 있다. 이 6가지 원칙을 확실하게 파악하면 회사는 이익을 낼 수 있다.

어떤 상품을 한 달에 30개 납품한다고 해보자. '한 번에 30개'를 납품할 때와 '하루에 한 개씩 30일 동안' 납품할 때 똑같은 가격을 붙여서는 안 된다.

만약 주문한 상품이 완성되기 직전에 고객이 사양 등을 바꿔 달라고 하면 가격을 결정하는 원칙도 바뀌어야 한다. 하지만 가격 결정에 관한 원칙이 없다는 이유로 이런 경우에도 똑같은 가격으로 팔고 있는 회사가 수두룩하다. 이처럼 이 책은 **실제 거래할 때 이익을 확보할 수 있는 가격 결정에 대한 원칙 만들기**에 초점을 맞추고 있다.

내가 아는 한 이런 관점에서 쓴 책은 지금까지 본 적이 없다. 가격 결정이라고 하면, 마케팅 관점에서 가격을 정하는 방법을 연상하는 사람이 많겠지만 그것만 중시해서는 결코 이익이 생기지 않는다.

아직 늦지 않았다. '이면가격의 6가지 원칙'을 제대로 파악한 다음, 각 회사에 맞는 가격 결정의 원칙을 명확하게 만들어 놓자. 그러면 그 어떤 경영 환경에도 흔들리지 않는 회사로 탈바꿈할 수 있다.

차례

2장 스펙 내용이 바뀌면 가격도 바뀌어야 한다

3장 서비스 원래 '유료'를 '무료'로 하지 마라

4장 수량 일정한 양이 되어야 이익이 난다

5장 시간 시간이 곧 돈이다

6장 가격 인하 영업자는 쉽게 가격을 내리지 않는다

7장 현물 방치해두면 이익을 깎아 먹는다

8장 상인경영은 어떻게 하는가?

프롤로그

'가격 결정'이 회사의 운명을 좌우한다

가격 결정만 잘해도 회사는 극적으로 바뀔 수 있다. 적자에 허덕이고 채무초과(부채가 자산보다 많은 상태) 직전에 처한 A사가 바뀌는 과정을 들여다보면 가격 결정의 중요성을 절실히 느낄 수 있을 것이다.

8200 130025

01

비용 절감이 한순간에 물거품 되다

"가격을 내려달라고 해서 어쩔 수 없이 내렸습니다."

나는 영업자에게 이 말을 들었을 때 내 귀를 의심했다. 나도 모르게 "도저히 못 믿겠네"라고 중얼거렸다. **불과 3개월 전만 해도 개당 105엔인 제품이 12엔이나 내린 93엔에 판매**되고 있었다.

"뭐가 잘못되었나요?"라고 말하는 듯한 얼굴로 아무 긴장감도 없이 멍하니 나를 쳐다보는 영업자의 표정이 지금도 잊히지 않는다. 나는 무심결에 목소리를 높였다.

"영업 부장님과 담당 임원, 그리고 사장님을 바로 불

러주세요!"

이야기는 2001년으로 거슬러 올라간다. 1996년에 독립해서 컨설턴트가 된 나는 나고야 지역에 본사를 둔 금속가공회사 A사의 경영방식에 대해 지도하고 있었다. 독립한 지 5년이 지났지만 아직 컨설턴트로서는 여러모로 부족했고 하루하루 배워가는 나날이었다. IT 거품이 붕괴되는 시기였고 수많은 일본 기업이 경영난에 처해 있었다. A사도 예외 없이 수주가 감소해 채무초과에 이르기 직전이었다.

오랜 적자의 상황에서 벗어나기 위해 무엇보다 먼저 현장(공장)을 개선하는 일부터 손을 댔다. VTR로 작업자의 움직임에 낭비가 없는지 살펴보고, 작업장을 효율적으로 재배치했으며 상태가 좋지 않은 기계를 고치면서 6개월에 걸쳐 현장을 조금씩 개선해갔다.

당시 나는 현장의 문제를 개선하는 길이 매출을 회복하는 지름길로 굳게 믿고 있었다. 그 결과 드디어 제품 한 개당 2엔의 비용을 절감할 수 있었다. 현장의 직원들이 하나가 되어 땀 흘린 결과가 나온 것이다. '이로써 실적 회복의 실마리를 잡았다' 고 마음속으로 기뻐했는데, 순식간에 그런 기대가 와르르 무너졌다.

나는 가격을 확인하기 위해 2층 사무실에 올라가서 컴퓨터를 켰다. 그러자 생각하지도 못한 숫자가 눈에 들어왔다.

판매가격: 1개 93엔

'뭔가 잘못된 게 틀림없어….'

나는 바로 제조과장에게 물었다.

"판매가격이 93엔으로 되어 있는데, 뭔가 잘못된 거죠?"

"105엔이었는데…. 이상하네요."

불길한 예감이 든 나는 즉시 영업자를 불렀다. 영업자는 20대 후반으로 젊은 사람이었다. 이 문제가 얼마나 중대한 일인지 전혀 모르고 있는 멍한 표정으로 서 있었다. 나는 애써 차분한 어조로 영업자에게 조용히 물었다.

"얼마 전까지 105엔이었던 제품이 93엔으로 되어 있는데 어떻게 된 일이죠?"

이 질문에 대한 답이 앞에서 소개한 말이다.

"가격을 내려달라고 해서 어쩔 수 없이 내렸습니다."

사장이나 임원이 가격 결정에 관여하지 않고 있다

나는 비용을 절감하려고 6개월 동안 현장 사람들과 함께 노력해왔다. 새롭게 변한 환경에 적응하기 위해 공장 직원들도 이만저만 고생한 게 아니다. 그 결과 2엔이나 내릴 수 있었다.

그런데 가격 인하 요구라는 이유로 12엔이나 판매가격을 내리는 바람에 **2엔의 비용 절감, 즉 6개월 동안 고생한 결과가 물거품이** 되었다.

한달음에 달려온 영업 부장도 "그런 일이 있었을 수도 있겠네요" 하며 우물쭈물 대답할 뿐이다. 담당 임원이나 사장도 "난 보고를 받지 않았는데"라고 말하는 게 고작이었다.

결과적으로 말하자면 영업자의 결정으로 제품가격이

내려간 것이다. 회사의 이익에 관련된 중대한 사항이지만 사장이나 임원은 고사하고 상사인 영업 부장조차 가격 결정이란 중요한 작업을 직접 맡아서 하고 있지 않았다. 회사가 채무초과에 빠진 것이 당연하다고 할 수 있다.

사실 A사에 이번 해프닝은 결코 특수한 상황이 아니었다. 쉽게 판매가격을 내리는 일은 A사의 '문화(특징)'라고 할 수 있다. 그 특징을 보여주는 예가 A사에 거래처가 보내준 특이한 표창장이다.

비용 절감을 위한 귀사의 협력에 깊이 감사를 드립니다.

'판매가격을 내려준 일에 대한 감사장'인 셈이다. 다시 말해 **가격을 내려 거래처의 말을 들어주는 것이 A사의 경영자세**였다. 그래서 12엔이나 판매가격을 내린 영업자도 별다른 고민 없이 거래처의 가격 인하 요구를 받아들였던 것이다. 그러니 영업자 한 사람을 질책해봤자 아무 소용없는 일이었다.

현장 개선은 어리석은 일이다

이 해프닝은 내 컨설턴트 인생에서 중요한 전환점이 되었다. 나는 그때까지 현장 개선을 중심으로 경영을 지도해왔고, 비용이 내려가면 수익이 개선되어 회사의 경영상태가 좋아진다고 믿고 있었다.

한편으로는 현장 개선의 한계를 느끼고 있었다. 현장 개선은 '한 부분'의 개선일 뿐이지 경영 전체의 개선으로는 이어지기 어려운 딜레마를 안고 있다. 현장 개선으로 성과를 올려도 결산서의 숫자는 조금도 좋아지지 않는 경우가 허다했다.

이렇게 여러 생각을 하고 있을 때 일어난 이 해프닝은 '현장 개선만 해서는 아무 의미가 없다' 라는 회의가 '현장 개선은 어리석은 일이다' 라는 한탄으로 바뀌는 계기가 되었다. 물론 예전이나 지금이나 현장 개선은 중요하지만, '가격 결정' 하나로 비용을 절감한 결과가 말짱 도루묵이 되는 현실을 보고 나니 이렇게 생각할 수밖에 없었다.

이 해프닝은 나에게 **원가 관리와 가격 결정의 중요성**

을 통감하고 이를 중점적으로 개선하는 컨설턴트로 바뀌는 계기를 만들어줬다.

부끄러운 이야기지만 A사에서 일어난 이 해프닝을 겪으면서 원가 관리와 가격 결정의 중요성을 진정으로 이해하게 되었다. 그때까지 '모든 회사는 원가를 정확하게 계산한 뒤 가격 결정을 하고 있다'라는 선입관에 사로잡혀 있었다. 예전에 다니던 회사에서는 명확하게 '원가 관리와 가격 결정의 원칙'이 있었기 때문이다. 그 회사에서는 제품 하나하나마다 치밀하게 원가가 계산되어 있었으며, 가격은 본사가 일괄적으로 결정했다. 영업사원이 독단적으로 가격을 결정하는 일은 절대 없었다.

"이 정도 범위에는 가격 인하를 해도 좋다"라는 '가격의 범위'가 있지만, 그 범위를 넘는 경우라면 영업사원은 신청서뿐만 아니라 흑자 전환을 위한 계획도 같이 제출해야 했다. 연수 중에는 가격 결정을 할 때 필요한 원칙에 대한 교육도 실시되었는데, 바로 이 책의 핵심 주제가 되는 **'이면가격의 6가지 원칙'**이다.

이 6가지 원칙의 내용에 대해서는 1장 이후에 자세하게 설명하겠지만, 사장들 대부분은 가격 결정을 할 때 이 원칙을 제대로 모르면서 경영하고 있다.

02

고객에게 가격 인상을 설득시키는 법

내가 A사를 컨설팅한 지 2년이 지났을 무렵이다. 현장 개선만으로는 회사를 다시 일으켜 세울 수 없다는 사실을 깨달은 나는 추가적으로 원가 관리나 가격 결정에도 메스mes를 대기 시작했다. 그 사이 A사는 정리해고 등을 통해 도산이란 최악의 사태를 간신히 피할 수 있었다.

하지만 그 무렵, A사의 경영을 뿌리째 뒤흔들 수 있는 큰 문제가 일어날 조짐이 보였다. 철물자재의 가격이 급격하게 상승하고 있는 것이다. A사의 주재료인 철물자재의 가격이 계속 상승하면 치명타를 입을 확률이 매우 높았다. 당시 A사는 정리해고나 비용 삭감을 하고 얼마 되지 않아서 철물자재의 가격 인상을 견뎌낼 수 있는 체력을 갖고 있지 못했다. 직원들에게 보너스도 제대로 지급하지 못하고 있는 상황이었다. 그런 A사에게 남은 길은 단 하나, **원재료의 상승분을 제품가격에 포함시키는 것뿐**이었다.

위기감을 느낀 사장은 나와 의논한 뒤 모든 제품의 가격 인상을 결정했다. 지금까지 저가판매의 체질이 배어 있던 A사에게는 회사의 존망이 걸린 결정이었다. 가격 인상으로 거래가 끊어지고 회사가 망할 수도 있었기 때문이다. 하지만 철물자재의 가격이 인상되었는데도 관망만 한다면 적자는 눈덩이처럼 불어날 뿐이다. 앉아서 죽기보다 회사와 직원들을 지키기 위해 사장이 과감하게 결단을 내린 것이다.

협상 개시!

나는 '이면가격의 6가지 원칙'을 토대로 가격 결정의

포인트를 직원들에게 알려주고, 가격 인상을 감행하기 위한 계획을 세웠다. 가격 인상은 단지 고객에게 머리를 숙이고 부탁만 해서 될 일이 아니다. 이론으로 무장하고 논리적으로 설득해야 한다.

제품의 원가 계산을 다시 실행하고, 각 고객에게 '어느 정도 가격을 인상할지'를 결정하는 일부터 시작했다. 그런데 이 작업이 예상보다 많은 시간이 소요되었다. 평소 원가 관리가 되어 있는 회사라면 컴퓨터로 바로 계산할 수 있지만 A사는 지금까지 원가 관리를 제대로 해오지 않았기 때문에 기본적인 계산만 한 달이나 걸린 것이다.

원가를 계산한 결과, 가격의 인상범위를 산출할 수 있었다. 이제 영업사원이 일제히 가격 인상의 협상에 들어가면 된다. 영업사원에게는 우선 고객에게 "가격을 올리려고 한다"라고 전달한 뒤, '이런 이유로 가격 인상을 한다'라는 취지가 적힌 문서를 들고 가서 설득하게 했다.

이 문서의 포인트는 **'○월부터 가격을 올리겠습니**

다'라고 기한을 정해놓은 것이다. 이러면 기필코 가격 인상을 하겠다는 강한 의지가 전달된다. '만약 가격 인상을 받아들일 수 없는 경우에는 주문을 받을 수 없습니다'라는 글도 적어 놓았다.

가격 인상에 대한 말을 꺼내지 못하는 영업사원도 있다. 그 마음은 충분히 이해한다. 거래가 끊길 수 있기 때문이다. 그런 영업사원에게는 협상에 대한 과정을 보고하게 하고 마음을 강하게 먹으면서 설득하라고 독려했다.

협상에 성공해서 흑자를 달성하다

이렇게 협상을 진행한 결과, 어느 정도의 고객이 수락했을까? 끝내 설득하지 못한 고객도 있지만, **무려 93퍼센트의 고객이 가격 인상안을 받아들이고 계속 거래를 하기**로 했다. **또한 '주문이 증가하는' 희한한 현상까지** 일어났다. "설마 그런 일이 있을 수 있나?"라며 고개를 갸웃거리는 사람도 있겠지만 이는 사실이다.

A사 이외에도 꽤 많은 회사를 컨설팅하면서 거래처가 받아들이도록 가격 인상안을 만들었다. 이와 같은 예는 결코 드물지 않다. 하면 되는데 회사 대부분이 "해봐야 소용없다"고 포기하는 것이다.

A사에서는 이런 일도 있었다. 한 지방 지사의 영업사원이 가격 인상 협상을 시작하기 직전에 대형 고객사의 '올해는 7퍼센트 정도의 가격 인하'라는 요구를 받게 되었다. 가격 인상 협상을 하고 있다는 사실을 알고 있었기에 그 자리에서 "올해는 힘들다"라고 딱 잘라 말했어야 했다. 하지만 영업사원은 본사에 같이 가자는 약속까지 해버렸다. 본사에 같이 가자는 것은 사실상 가격 인하 요구를 받아들인 것이나 마찬가지다.

가격 인상 협상을 해야 하니 당연히 가격 인하 요구에 응할 수 없었다. 영업사원에게 다음과 같이 말했다.

"본사에 데리고 와서는 안 됩니다. 그리고 가격 인하 요구에 응하지 않을 것이니, 가격 인상 협상을 진행해 주십시오."

당시 영업사원은 핏기가 사라진 얼굴로 돌아갔지만

결과적으로 **5퍼센트나 가격을 인상했다.**

나는 구매부에서 일한 적이 있기 때문에 잘 알고 있었다. 거래처에 "가격을 내려주십시오"라는 요구는 의례적으로 하는 행사와 같다는 것을. 이를테면 상사가 "10퍼센트 비용을 삭감하라"는 지시를 내리니까 구매 담당자로서 의무를 다하기 위해 내려달라고 요구한다. 그래서 '봄에 5퍼센트, 가을에 5퍼센트의 가격 인하를 요구하면 목표를 달성할 수 있다'는 생각을 갖게 된다. 다시 말해 구매 담당자는 명확한 근거도 없이 정기적으로 가격 인하를 요구하고 있는 셈이다.

가격을 깎아 달라고 부탁하면 회사 대부분이 '거래가 끊길 수 있다는 불안감'에 받아들인다. 하지만 명확한 근거가 없다는 것은 뒤집어 말하면 가격 인하 요구를 거절할 수 있으며 동시에 가격 인상안을 꺼낼 수 있다는 말도 된다.

A사가 어떻게 가격 인상을 준비하고 어떻게 협상해서 성공했는지에 대해서는 8장에서 자세하게 다뤘으니 끝까지 읽기를 바란다.

가격 결정은 내 인생도 바꿨다

가격 인상과 관련된 협상에 성공한 결과, A사는 주재료의 가격이 상승했는데도 수익이 개선되면서 흑자로 전환될 수 있었다. 적절한 가격 결정이 벼랑 끝에 서 있던 A사를 구한 것이다.

'가격 결정'은 A사뿐만 아니라 내 인생도 바꿔 놓았다. A사에 컨설팅을 하던 당시에는 호쿠리쿠를 거점으로 활동하고 있었다. 일에 보람을 느끼고 있었지만 한편으로는 도쿄를 거점으로 해서 전국적으로 컨설팅을 하고 싶다는 생각이 강했다. 그 일환으로 관련 수험서를 집필하고 개인 컨설팅 사업도 진행하면서 도쿄에서 하는 일을 서서히 늘려갔다. 수입은 쏠쏠했지만 영혼을 뒤흔드는 감동이 없었기에 3개월 만에 그만뒀다. 현장 개선 중심의 컨설팅에도 성취감이 느껴지지 않았다. 지금 돌아보면 당시 나는 '왠지 모르지만 뭔가 일이 만족스럽지 못해 답답한' 느낌이 강했으며 앞으로 나아가야 할 길을 찾지 못하고 있었다. 그런 내게 A사의 경험은 큰 전환점이 되었다.

'원가 관리와 가격 결정이 회사의 수익을 결정한다!'

이렇게 확신한 나는 '전국에는 A사처럼 곤경에 처해 있는 회사가 숱하게 많을 것이다. 그런 회사에 원가 관리와 가격 결정의 노하우를 지도하고 싶다'라는 생각이 점점 강해졌다.

A사를 흑자로 전환시킨 경험을 토대로 다음 해에 가격 결정을 주제로 해서 《매상 총이익을 2배로 해주는 가격 결정론粗利を2倍にする價格決定論》을 집필했다. 발매 당일, 대형 강연회사에서 "강사로 초빙하고 싶다"는 제안을 받았다. 이렇게 반응이 빠를 줄 몰랐기에 깜짝 놀랐다. 동시에 같은 주제로 세미나와 컨설팅을 의뢰해온 회사도 끊이지 않았다. 책의 반응으로 자신감을 얻은 나는 '원가와 가격'을 컨설팅의 축으로 하고, 사무실도 도쿄로 옮겨서 전국의 기업을 대상으로 활동 범위를 넓혀 갔다.

현재 '가격 결정을 통한 수익 개선'은 내 컨설팅의 핵심 기둥이다. A사의 경험 이래 8년 동안 다양한 회사를 지도한 경험에서 나온 '가격 결정의 원칙'을 이 책에서 모조리 설명하려고 한다. 가격 결정의 노하우를 집대성한 책이라고 해도 과언이 아닐 것이다.

1장

비용 절감보다 먼저 '이익'을 생각하라

우선 '이익'에 대해 생각해보자. 이익에 대한 의식이 있느냐, 없느냐에 따라 회사의 수익에 큰 차이가 발생한다. 또한 우량기업으로 탈바꿈할 수 있는 기회를 잡거나 놓칠 수 있다.

8200 130025

01

장인경영 vs. 상인경영

견적서 작성에 매달 50만 엔을 지불하다

이익을 내는 회사와 내지 못하는 회사는 어떤 차이가 있을까? 그 차이는 바로 **'사장이나 직원이 이익에 대한 의식을 갖고 있는가?'**이다.

내가 컨설팅을 했던 금속가공회사 B사의 사례를 소개하겠다. B사의 영업부는 고객에게서 "금형작업 견적서를 보내 달라"는 의뢰를 받고 월 평균 50건의 견적서를 만들고 있었다. 하지만 50건 중 주문까지 연결되는 것은 불과 10퍼센트, 즉 5건밖에 계약이 이뤄지지 않았다. 고생에 비해 낮은 성과라고 할 수 있다.

그보다 심각한 문제는 견적서를 작성하기 위해 매달 50만 엔을 지불하고 있다는 점이다. 견적서를 작성하는 것뿐인데 50만 엔이나 들어가는 점이 아무리 생각해도 이상해서 알아봤더니 다음과 같은 사실이 밝혀졌다.

견적서를 작성하기 위해서는 기술부가 견적서용 도면을 작성한 뒤에 금액을 산출한다. 그런데 기존 업무가 너무 많아서 갑자기 들어오는 의뢰는 그동안 외주로 돌리고 있었다. 매달 50만 엔을 지불한다고 하니 1회당 1만 엔으로 외주를 주고 있다는 말이 된다.

반면 영업부에서는 도면을 외주로 내보낸다는 사실을 알지 못했다. 계약이 성사될 확률이 낮은 고객의 견적서는 "대충 만들면 된다"라고 기술부에 전달했지만, 이 '대충'의 기준이 무엇인지까지 전달되지 않았던 모양이다. 장인정신이 투철한 직원이 많은 기술부는 외주업체에 맡겨서라도 제대로 하고 싶었던 것이다. 계약 성공률이 10퍼센트밖에 되지 않는다는 사실을 몰랐기 때문에 발생한 상황이었다.

이런 사실을 처음 알게 된 B사의 사장은 순식간에 낯빛이 창백해지더니 "그런 일로 한 달에 50만 엔이나 쓰다니 이게 대체 어떻게 된 일이냐!"며 일갈했다.

1년 가까이 외주업체에 맡겼으니 견적서 작성만으로 연간 600만 엔에 가까운 비용을 쓴 것이다. **당시 B사는 이익률이 1퍼센트 정도였기에 600만 엔의 이익을 올리기 위해서는 6억 엔어치를 팔아야만 했다.** 이익에 대한 의식, 즉 '이익의식'이 없으면 얼마나 손쉽게 이익을 날리는지를 보여준 좋은 사례였다.

이익에 대한 의식이 이익을 결정한다

제조업체 중 꽤 많은 회사가 B사처럼 원가에 대한 감각이 둔하다. 품질을 향상시키거나 납기일을 단축시키기 위해서는 온 힘을 쏟지만, 원가나 가격 결정 문제에는 둔감했다. 품질이 높은 제품을 만들고 나서 "좋은 제품을 만들었다!"며 만족하고 마는 것이다. 물론 독창적인 기술을 갈고닦아 고품질의 제품을 만들면 회사의 강점이 되므로 좋은 제품을 만들어야 한다는 사실을 부정할 생각은 없다. 그러나 문제는 '이익을 뒷전으로 미뤄놓고 있는 것'이다. 제품이 팔리든 팔리지 않든 "좋은 제품을 만들었으니 이걸로 됐어"라고 흡족해하는 기업이 수두룩하다.

당연한 말이지만 제품이 팔려도 이익이 남지 않으면 소용이 없다. 하지만 이익의식이 낮은 회사는 극단적인 경우 이익이 적게 나도 만족한다. 나는 이처럼 이익의식이 낮은 회사의 경영 방식을 **'장인경영匠人經營'**이라고 부른다(한 가지 일에 목숨을 걸고 그 분야에서 최고가 되는 사업가 정신을 일본에서는 '직인職人경영'이라 말한다. 국내 독자의 이해를 돕기 위해 번역과정에서 '장인경영'으로 바꿨다).

반면 서비스업이나 소매업 등에는 이익의식이 높은 회사가 많다. 이전에 컨설팅을 했던 무역상사 사장은 "우리는 장사꾼이다"라는 말을 입버릇처럼 했다. 이익 확보를 비즈니스의 대전제로 인식하고 있는 것이다. 나는 이처럼 이익에 대해 높은 의식을 갖고 있는 경영을 **'상인경영商人經營'**이라고 부른다.

파나소닉을 창업하고 '경영의 신'이라 불리는 마쓰

시타 고노스케는 상인경영을 실천하는 사람이었다. 그는 《결단의 경영決斷の經營》에서 다음과 같은 에피소드를 소개했다.

마쓰시타 전기가 작은 공장에 불과했던 시기에 단골손님이 찾아와서 "당신의 제품은 값이 비쌉니다. 좀 더 가격을 깎아 주십시오"라며 가격 인하를 요구해왔다. 처음에는 "현재 가격으로 구매해달라"고 거절했는데 워낙 끈질기게 깎아 달라고 버티는 바람에 마쓰시타는 자기도 모르게 순간적으로 "알겠습니다. 깎아 드리겠습니다"라는 말이 나올 뻔했다.

그때 공장에서 열심히 일하고 있는 젊은 직원들의 얼굴이 떠올랐다. 여름에 지옥 같은 뜨거운 공장 열기 속에서 땀을 엄청 흘리며 일하는 직원들의 모습을 생각하니 차마 가격을 깎을 수 없었다.

'고객이 요구하는 가격으로 판매해도 손해는 보지 않지만 적정한 이익이 나지 않는다'라고 생각한 마쓰시타는 다음과 같이 말했다.

"모두가 땀을 비 오듯 쏟아가며 열심히 일하고 있습

니다. 그렇게 어렵게 만든 제품에 정당한 계산으로 결정된 것이 이 가격입니다. 이 가격을 깎는 것은 제 살을 깎는 것보다 괴롭습니다. 그래서 부탁드리니 이 가격으로 구매해주십시오."

이 말을 들은 고객은 "그렇게까지 말씀하시니 어쩔 수 없네요. 말씀하신 가격으로 구매하겠습니다"라면서 돌아갔다.

그 뒤 마쓰시타는 제품의 품질 향상을 위해 더욱 노력하면서 판매가격도 신중하게 결정했다. 그리고 직원을 위해, 회사를 위해 적정한 이익의 확보를 철저하게 지키면서 가격 인하를 요구해도 깎지 않는 것을 원칙으로 삼았다.

일본 유수의 모터 제조회사 일본전산의 나가모리 시게노부 사장도 〈닛케이비즈니스〉의 기사에서 이익의식이 중요하다며 다음과 같이 말했다.

"기업이 이익을 내지 못하는 이유는 무엇일까요? 물론 여러 가지 원인이 있겠지만, 경영자와 직원에게 '무슨 일이 있어도 이익을 내야 한다'는 마음이 없기 때문입니다."

마쓰시타 회장이나 나가모리 사장뿐만 아니라 수많은 위대한 경영자가 이익의식의 중요성을 강조하고 있다. 반면 장인경영을 하는 경영자는 **'이익을 더 내야 한다'는 의식을 강하게 가져야 하며 직원들에게도 철저하게 이런 의식을 심어주지 않으면 아무리 시간이 지나도 이익을 내는 회사로 바꾸지 못할 것**이다.

이익이 나지 않으면 고용도 품질도 지킬 수 없다

"이익이 없으면 안전도 없다!"

교세라를 창업했고 일본항공(이하 'JAL')의 회장이 되어 경영개혁에 팔을 걷어붙인 이나모리 가즈오가 잡지 인터뷰에서 한 말이다.

알다시피 2010년 JAL은 심각한 경영위기에 몰려 법정관리를 신청했다. 그러자 JAL은 니어 미스near miss(비행기끼리 충돌할 정도로 서로 접근해 공중 충돌의 가능성이 있는 경우) 등 안전에 관한 문제가 빈발했다. 당시 JAL을 이용하는 사람들이 급격하게 감소했다.

이익을 내던 시절이라면 안전에 투자할 수 있었지만, 당시에는 그렇게 하지 못하는 상황이었다. 그래서 여러 가지 문제가 속출했다.

'안전을 확보하기 위해서는 이익을 올리는 것이 선결과제다.'

많은 사람이 이 말에 대해 착각하고 있는데, 안전을 무시하자는 의미가 아니다. 이익을 내지 못하면 안전을 유지할 수 없다는 말이다.

사실 JAL은 안전에 관한 문제 이외에도 다른 문제점이 한둘이 아니었다. 가령 JAL의 직원조차 '비행기를 1회 운행하면 얼마가 남는지'를 파악하지 못하고 있을 정도였다. 도저히 믿을 수 없는 일이다. 경영개혁에 나선 이나모리는 이익을 내지 못하는 노선을 잇달아 폐지하면서 불필요한 요소를 하나씩 없앴다. 그 결과 큰 폭으로 이익을 낼 수 있었다.

이익을 내는 회사와 이익을 내지 못하는 회사는 차이가 난다. **잘되는 회사는 이익을 내는 상품을 중점적으로 판매하지만, 망해가는 회사는 이익을 내지 못하는**

상품을 계속 판매하고 있는 것이다.

나는 합성수지 제조회사 C사와 D사의 컨설팅을 같이 진행한 적이 있었다. C사는 경상이익률 15퍼센트를 자랑하고 있었지만 D사는 이익을 내지 못하고 채무초과 직전에 놓여 있었다.

C사와 D사는 대부분 같은 제품을 만들고 있었으며 고객도 겹쳤다. '제품은 물론 고객도 같은데 왜 이렇게 이익에 커다란 차이가 나는 걸까?'라는 의문을 품고 조사한 결과, 그 원인이 밝혀졌다. C사는 이익이 남는 제품만 집중적으로 판매하고 이익이 나지 않는 제품은 발빠르게 정리했다. 반면 D사는 C사가 정리한 제품을 계속 판매하고 있었다. 당연히 이익에 큰 차이가 날 수밖에 없었다. 상인경영을 실천하는 회사라면 이익이 나지 않는 제품에는 절대 손을 대지 않는다.

이익만 추구하는 행위에 대해 좋지 않게 생각하는 사람이 의외로 많다. 하지만 사업은 어디까지나 현실적이어야 한다. **이익이 나지 않으면 고용도 품질도 안전도 확보할 수 없다**. 특히 사장은 직원보다 이익에 대해 관심을 더욱 가져야만 한다. '원가와 가격 결정을 영업사원에게 만 맡기고 사장은 신경 쓰지 않는' 회사는 아무리 노력해도 이익을 낼 수 없다.

장인경영과 상인경영의 차이

장인경영		상인경영
이익의식이 낮다		이익의식이 높다

품질과 납기일에 쫓김	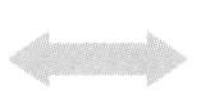	품질과 납기일을 무기로 함
이익이 남지 않는 제품을 계속 만듦		이익이 남는 제품에 집중적으로 투자함
가격 결정은 영업사원의 몫		가격 결정은 경영자의 몫

02

‘이익 방정식’을 이해하고 있는가?

‘이익 방정식’이란 무엇인가

‘이익을 낸다’라는 말을 오해하는 경영자가 많다. 이익을 내지 못하는 회사일수록 ‘이익을 내다’와 ‘매출을 올리다’를 같은 것으로 알고 있다. 그러나 아무리 매출이 올라도 이익이 발생하지 않으면 의미가 없다. 진정한 의미에서 ‘이익을 냈다’라고 말할 수 없는 것이다.

장인경영을 하고 있는 경영자는 ‘매출만 오르면 된다’라고 생각하는 경향이 있다. 반면 상인경영을 실천하면서 이익을 내는 회사는 ‘이익을 올리는’ 일에 중점을 두고 있다. 시간이 갈수록 장인경영의 회사와 점점 차이가 더 벌어지게 된다. 바로 **'이익 방정식'**을 이해하면서 경영하고 있는 것이다. '이익 방정식'이란 이익을 다음과 같이 나타낸 식을 말한다.

이익 = (① 판매가격 − ② 원가) × ③ 판매수량

이 식은 다음 3가지에 의해 이익이 향상된다는 점을 의미한다.

① 판매가격을 높게 설정한다.

② 원가를 되도록 낮춘다.

③ 판매수량을 높인다.

"이런 건 누구나 다 알고 있다. 경영의 기본이잖아"라고 투덜대는 사람도 있을 것이다. 그렇다! 분명 경영의 기본이며 경영이 무엇인지 파고 들어가면 결국 이익 방정식에 도달한다고 해도 지나친 말이 아니다.

아무리 상세하고 훌륭한 경영계획을 세워도, 아무리 품질이 좋은 제품을 만들어도, 아무리 고객의 마음을 사로잡는 서비스를 제공해도 이 방정식이 성립하지 않으면 언젠가 경영은 벽에 부딪히게 된다.

그렇다면 당신의 회사에서는 이익 방정식을 제대로 실천하고 있는가? 당연한 말이지만 이해와 실천은 다른 문제다. 회사 대부분이 이익 방정식은 알고 있어도 제대로 실천하지 못하고 있다. 장인경영을 하는 회사일수록 "이익 방정식 따위는 말하지 않아도 다 알고 있다"라며 우습게 보는데 현실은 적자에 허덕이고 있는 경우가 많다.

판매가격 1퍼센트를 올리면 이익이 2배!

'판매가격은 높이고 원가는 낮추며 판매수량은 늘린다.'

이익 방정식 중에서 가장 중요한 것은 '판매가격'이다. 물론 판매가격을 높이 정할수록 이익은 증가한다. 하지만 고객이나 시장을 무시하고 무작정 높게 설정하면 당연히 팔리지 않는다. 그렇다고 낮게 설정하면 잘 팔리더라도 이익이 나지 않는다. 이처럼 가격 결정은 매우 어렵다. 그런데 이익을 소홀히 하는 장인경영의 회사에서는 이렇게 중요한 가격 결정을 경시하고 너무 쉽게 정하거나 별생각 없이 깎고 있다. "경쟁사보다 싸게 하면 잘 팔릴 것이다", "고객이 원한다면 1퍼센트 정도 가격을 내려도 괜찮다"와 같이 이익을 무시하는 가격 결정이 수시로 행해지고 있다. 반면 상인경영의 회사는 **'판매가격을 1퍼센트라도 높게 정하기 위한 노력'을 게을리하지 않는다.**

한 상품을 1퍼센트 높게 판매할 수 있다고 해보자. 그러면 이익은 어떻게 될까? 지금까지 원가가 99엔인 상품을 100엔에 1만 개 팔고 있었다. 이익률은 1퍼센트다. 이 상품을 1퍼센트(1엔) 비싸게, 즉 101엔에 판매하게 되었다. 이것을 이익 방정식에 적용하면 다음과 같다.

현재: 100엔(판매가격) − 99엔(원가) × 1만 개(판매수량)
= **1만 엔(이익)**
'가격 인상' 후: 101엔 − 99엔 × 1만 개 = **2만 엔(이익)**

큰 차이가 발생하는 것을 한눈에 알 수 있다. 무려 이익이 2배! **겨우 1엔(1퍼센트)을 올렸는데 이익은 2배가 증가**했다.

이처럼 이익 방정식을 진정으로 이해하고 있는 사람이라면 "1엔 정도야 깎아 드리지요"라고 말하지 못한다. 판매가격을 올리는 것뿐만 아니라 원가를 낮추면 이익은 더 많아진다.

원가 99엔에서 약 1퍼센트(1엔) 내려 98엔이 되었다고 하자. 앞서 언급한 판매가격 1퍼센트 인상과 합쳐서 생각하면 이익이 더욱 높아지는 것을 알 수 있다.

현재: 100엔 − 99엔 × 1만 개 = **1만 엔(이익)**
'가격 인상 + 원가 절감' 후: 101엔 − 98엔 × 1만 개
= **3만 엔(이익)**

무려 이익이 3배! 겨우 1퍼센트의 원가 절감이라도 큰 이익이 생긴다는 것을 알 수 있다.

이익 방정식에는 '판매수량'이라는 요소가 하나 더 있다. 그렇다면 1퍼센트(100개) 올리면 총 4배로 이익이

증가될까? 유감스럽게도 그렇게 단순하지만은 않다.

> 현재: 100엔 – 99엔 × 1만 개 = **1만 엔(이익)**
> '가격 인상 + 원가 절감 + 판매수량 증가' 후:
> 101엔 – 98엔 × 1만 100개 = **3만 300엔(이익)**

판매수량이 1퍼센트 올랐는데도 이익은 4배는커녕 불과 1퍼센트밖에 증가하지 않았다. 하지만 이 경우에는 표면적인 수치만 보고 판단해서는 본질을 놓치게 된다. 1퍼센트의 판매수량이 증가함으로써 '눈에 보이지 않는 원가'가 내려간 것이다. 눈에 보이지 않는 원가란 '고정비'를 말한다. 수량이 늘어난 만큼 가동률이 상승하고 제품 1개당 고정비가 저렴해진다.

이 책의 주제는 '가격 결정'이기 때문에 원가에 대해서는 상세하게 설명하지 않겠지만, 제품 1개당 고정비가 낮아지면 이익은 4배 이상 늘어날 수 있다.

원가 절감의 성과가 물거품이 될 수 있다

이익 방정식을 토대로 보면 1퍼센트뿐이지만 이익이

이익 방정식

이익 = (① 판매가격 − ② 원가) × ③ 판매수량

● **판매가격을 1퍼센트(1엔) 올리면**

현재 : (100엔 − 99엔) × 1만 개 = **1만 엔**

↓

'가격 인상' 후 :

(101엔 − 99엔) × 1만 개 = **2만 엔**

이익 2배 !

● **추가로 원가를 약 1퍼센트(1엔) 내리면**

현재 : (100엔 − 99엔) × 1만 개 = **1만 엔**

↓

'가격 인상+원가 절감' 후 :

(101엔 − 98엔) × 1만 개 = **3만 엔**

이익 3배!

● **또한 판매수량을 1퍼센트(100개) 올리면**

현재: (100엔 − 99엔) × 1만 개 = **1만 엔**

↓

'가격 인상+원가 절감+판매수량 증가' 후:

(101엔 − 98엔) × 1만 100개 = **3만 300엔**

제품 1개당 고정비가 저렴해지기 때문에 이익이 더 늘어난 것임 급격하게 증가한다는 사실을 알 수 있다. 따라서 판매가격 상승, 원가 절감, 판매수량 증가를 위해 **노력하는 것이 경영의 원칙**이다. 경영자는 3가지 중에서 '판매가격'을 가장 중시해야 한다. 가격 결정이 이익의 90퍼센트를 결정한다고 해도 과언이 아니다.

앞에서 소개한 A사를 다시 한 번 보자. 현장 직원들이 필사적으로 노력해서 원가를 2엔 절감했지만, 한 영업사원의 독단적인 결정에 의해 판매가격이 12엔이나 내려가고 말았다. 한순간에 현장 직원들은 헛수고한 꼴이 된 것이다. 이런 일은 이익 방정식에 둔감한 장인경영의 회사에서는 일상적으로 일어난다. 보통 가격을 협상할 때 "가격을 1퍼센트 내려달라"고 하면, 영업사원은 "1퍼센트라면 제가 어떻게든 해보겠습니다!"라고 답한다. 이래서는 아무리 원가 절감을 위해 노력해도 헛수고다. '매출은 올라도 이익은 남지 않는' 상황에 빠지는 것이 고작이다.

원가 절감을 위해서는 지속적으로 노력해야 한다. 영업과 마케팅에도 힘을 쏟고 판매수량을 늘리는 노력도 중요하다. 이 사실을 부정할 생각은 추호도 없다. **제대로 가격 결정을 하지 못하는 회사라면 아무리 원가를 절감하고 판매수량을 늘려도 이익을 낼 수 없다**는 사실을 말하고 싶은 것이다. 물론 무턱대고 가격을 높게 하는 것이 좋다는 단순한 이야기가 아니다. 상품가치보다 비싸다는 느낌이 들면 고객에게 외면받는다. 상품에는 적정한 가격이 있는 법이다.

① 상품가치에 어울리는 가격으로 결정한다.

② 주먹구구식으로 가격을 결정하지 않는다.

이익 방정식의 진정한 의미를 이해한 다음, 위의 두 가지 원칙을 철저하게 지켜야 한다. 이것만으로도 당신의 회사는 이익이 발생할 것이다.

03

판매가격과 원가 공개를 각오하라

이익이 얼마나 남는가

"그 제품을 1개 팔면, 이익이 얼마나 남나요?"

나는 종종 컨설팅을 하는 회사의 직원이나 연수에 참가하는 직장인에게 이런 질문을 던지곤 한다. 소매업에 종사하는 사람들은 비교적 쉽게 대답하는데 제조업, 서비스업, 건설업 분야에 근무하는 사람들은 시간이 걸리거나 우물쭈물 말을 못한다. 심지어 현장을 관리하는 간부는 물론 경영자조차 말꼬리를 흐리는 경우가 많다. 그야말로 장인경영을 하는 회사의 전형적인 모습이다.

'제품을 하나 만들면 얼마나 이익이 나는가?', '서비스를 한 번 제공하면 얼마나 버는가?' 등에 대한 답이 모이면 월차결산서가 된다.

월차결산서를 보고 이익을 확인하는 것은 중요한 일이지만, 경영자 대부분은 "이번 달은 매출이 목표에 이르지 못했으니 다음 달에 힘내자!", "지난달보다 인건비나 재료비가 상승했으니 지출을 재점검하자!", "원가절감을 철저히 해라!"와 같이 질타하거나 격려만 할 뿐이다. 월차결산서를 보고 매출이나 지출문제를 반성하는 것도 중요하지만 "매출을 올려라!", "비용을 내려라!"처럼 대략적으로 지시만 내리면 좀처럼 이익이 오르지 않는다. **'만드는 제품이나 서비스가 1개 팔릴 때 이익이 얼마나 남는지'를 모르면 직원들에게 동기부여가 되지 않기** 때문이다.

공장이나 사무실의 전기를 열심히 절약해서 경비를 절감해도 자신이 회사의 이익을 상승시키는 데 얼마나 공헌했는지 실제적으로 느낄 수 없다. 그렇지만 '제품을 1개 만들면 이익은 10엔이 난다'라는 점을 알고 있으면 좀 더 눈앞의 일에 전념할 수 있다.

인재는 경영의 근원이다. 직원들이 활기 넘치게 일하면 결과적으로 작업 효율이나 생산성이 향상된다.

상인경영을 실천하는 회사는 비즈니스의 이익구조가 명확하다. 그렇게 되면 직원들의 동기부여가 향상되며 최종적으로 얻을 수 있는 이익도 증가한다.

이익을 모르면 돈을 벌 수 없다

직원들이 높은 동기부여를 갖고 일하게 하려면 '제품 1개, 서비스 1회의 이익'을 명확하게 하는 것이 중요하다. 그렇게 하기 위해서는 '판매가격'과 '원가'를 정확히 알고 있어야 한다. 이익을 계산할 수 있기 때문이다.

그런데 꽤 많은 중소기업이 '이익이 얼마나 남는지'를 직원들에게 알려주고 있지 않다. 영업사원에게는 판매가격만, 공장에는 원가만 알려줄 뿐이다. 물론 직원들에게 원가와 판매가격을 모조리 밝히면 위험이 따른다. 고객이나 경쟁회사에 정보가 새거나 회사를 그만둔 직원이 정보를 누설할 수도 있다. 또한 영업사원이 표면적인 숫자만을 보고 '이렇게 많이 이익을 내고 있단 말이야'라고 착각해서 쉽게 가격을 인하하거나 영업을 게을리할 가능성도 발생한다. 그래서 판매가격과 원가를 공개하는 것을 꺼리는 마음도 충분히 이해한다. 전 직원에게 공개할 필요는 없지만 **적어도 관리직 이상에게는 판매가격과 원가를 알려줄 필요가 있다.**

'우리 회사에서는 사정상 어렵다'라고 생각할지 모른다. 하지만 비공개 상태를 유지하면 아무리 시간이 지나도 직원에게 이익의식이 생기지 않는다. 경영자는 굳게 마음을 먹고 공개해야 한다.

04

표면가격과 이면가격

중소기업, 하청업체에는 가격 결정권이 없다?

경영자라면 지금까지의 글을 읽고 가격 결정의 중요성에 대해 실감할 수 있을 것이다. 그래도 "우리는 대기업처럼 자유롭게 가격 결정을 할 수 없다", "하청업자라서 현실적으로 어렵다"라고 말하는 경영자가 있지 않을까?

중소기업, 특히 수주제품을 만드는 입장에서는 그렇게 녹록치 않다는 현실을 나도 충분히 알고 있다. 그렇다고 포기해서는 안 된다. 특효약이 하나 있는데 바로 지금까지 아무에게도 가르쳐주지 않았던 **'이면가격'**이다.

이면가격은 무엇인가

분명히 중소기업은 대기업만큼 가격 결정을 자유롭게 할 수 없다. 발주하는 대기업이 가격 인하를 요구하면 딱 잘라 거절할 수 없는 것이 현실이다. "그런 요구는 거절하면 그만이다"라고 말할 생각은 털끝만큼도 없다. 대신 시각을 살짝만 바꿔도 상황은 변한다.

지금까지 말해온 판매가격은 '표면가격'이다(제품의 표면에 명시된 가격이라고 생각하면 된다). '제품 1개당 얼마'라는 단순한 가격 설정에 지나지 않는다. 경영자 대부분은 이 '표면가격'만 보고 원가 계산이나 가격을 결정하고 있다.

'표면가격'을 정하기 위해서는 그 뒤에 잠재해 있는 각종 원칙을 미리 결정할 필요가 있다. 이 원칙을 아는 것이 상인경영을 실천하는 첫걸음이다. 나는 표면가격 뒤에 있어 보이지 않지만 제품가에 영향을 미치는 가격을 '이면가격'이라 부른다. 그리고 이 이면가격을 결정하는 원칙을 다음과 같이 정하고 '이면가격의 6가지 원칙'이라 부른다.

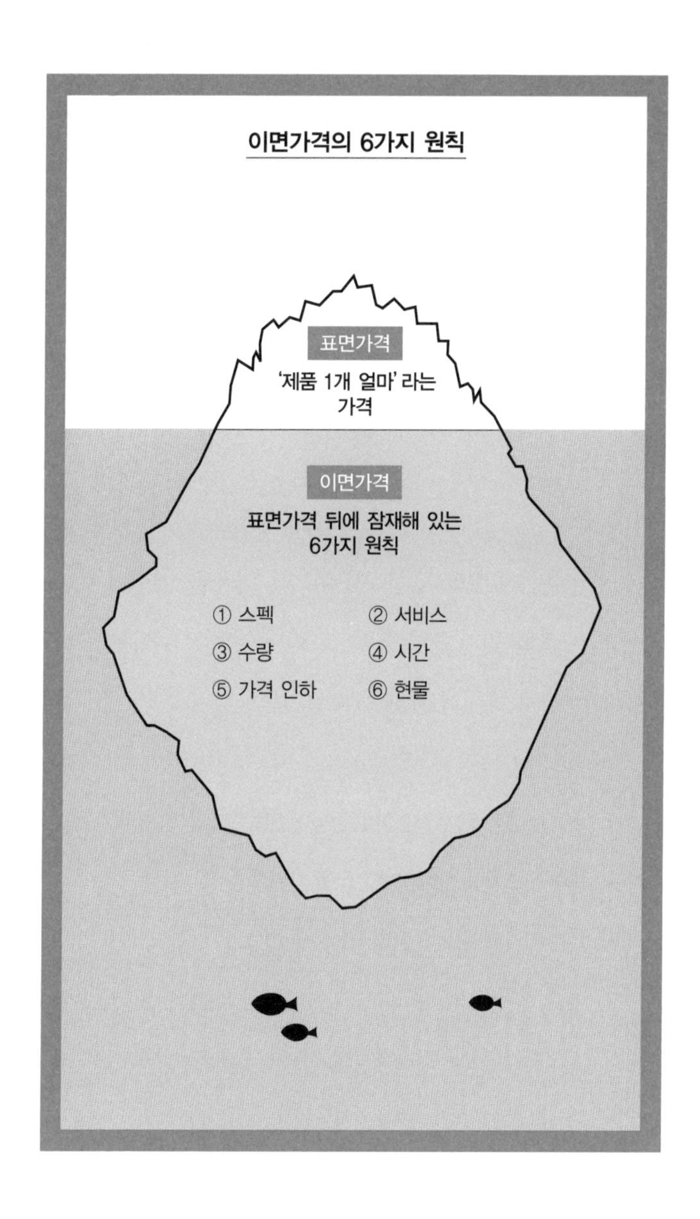
이면가격의 6가지 원칙
표면가격
'제품 1개 얼마' 라는
가격
이면가격
표면가격 뒤에 잠재해 있는
6가지 원칙
① 스펙
② 서비스
③ 수량
④ 시간
⑤ 가격 인하
⑥ 현물

① 스펙

② 서비스

③ 수량

④ 시간

⑤ 가격 인하

⑥ 현물

① 스펙

'스펙'이란 제품의 구성, 서비스의 내용을 말한다. 스펙이 바뀌면 원가도 바뀐다. 그런데 회사 대부분이 제대로 바꾸지 못해서 손해를 보고 있다.

- 스펙 변경에 따른 가격이 설정되어 있는가?
- 특수한 스펙에 대해 특별요금을 받는가?
- 설계 변경 때문에 현장이 휘둘리고 있는가?
- '뒤늦은 주문 변경(작업이 시작된 후 또는 상품을 만든 뒤에 수정을 요구하는 것)'으로 인해 불필요한 재료가 남아 있는가?
- 애매한 품질기준 때문에 손실금이 증가하는가?

- 포장비용을 가격에 포함하고 있는가?

② 서비스

설치, 수리 등의 서비스 중에는 유상으로 해야 할 것이 많은데 회사 대부분은 무상으로 해주고 있다. 심한 경우에는 회사가 엄청난 돈을 써가면서 한다.

- 유상으로 해야 하는데 무상으로 하고 있는가?
- 제품의 반입, 설치 등의 비용을 무상으로 하고 있는가?
- 설계 비용이나 소프트웨어 비용을 받지 않고 있는가?

③ 수량

당연한 이야기지만 일정량이 판매되지 않으면 매상을 확보할 수 없고 그렇게 되면 비용만 늘어날 뿐 이익은 낼 수 없다.

- 소량주문으로 현장에서 시간과 작업량이 늘어나고 있는가?
- 거래처의 '저스트 인 타임Just in Time(재료가 제조라인에 투입

될 때 맞춰 납품업체에서 재료를 받는다)' 방식으로 오히려 손해를 보고 있지 않는가?

- 고객이 말했던 주문이 오지 않아 재고가 급증하고 있는가?
- 초기비용이 회수되지 않고 있는가?

④ 시간

'시간을 돈으로 본다'라는 발상으로 이익을 창출할 수 있다.

- 추가요금이 전혀 없는 급한 주문에 쫓겨서 작업하고 있는가?
- 짧은 유통기한을 가격에 반영하고 있지 않는가?
- 계절상품이 경영의 발목을 잡고 있지 않는가?
- 유행이 지난 상품을 계속 판매하고 있지 않는가?

⑤ 가격 인하

경영자가 모르는 곳에서 이익을 야금야금 갉아먹는 가격 인하가 이뤄지는 경우가 있다.

- 현장에서 제멋대로 할인하고 있지 않는가?
- 할인이란 악순환이 당연한 듯 행해지고 있지 않는가?
- 고객의 의중을 살피면서 가격을 정하고 있는가?
- 청구를 누락한 적이 없는가?

⑥ 현물

고객이 맡겨놓은 상품이나 지급품과 같은 현물이 이익을 감소시킨다.

- 고객이 대금을 지불한 제품이 몇 년씩이나 창고에서 잠자고 있지 않는가?
- 그 제품의 보관료는 충분히 청구하고 있는가?
- 고객이 지급한 재료가 부족하거나 불량해서 현장이 혼란을 겪고 있지 않는가?
- 고객이 지정해준 업자와 문제가 발생하고 있지 않는가?
- 현장에서 제멋대로 덤을 주고 있지 않는가?
- 샘플이 공짜로 제공되고 있는가?

이처럼 표면가격을 설정할 때 지금까지 대충 해왔던 '이면가격의 6가지 원칙'에 눈을 돌리면 대기업, 중소기업을 막론하고 얼마든지 이익 내는 회사로 바뀔 수 있다.

2장

스펙

내용이 바뀌면 가격도 바뀌어야 한다

스펙(제품 구성, 서비스 등)이 바뀌면 당연히 원가도 바뀌어야 한다. 그런데 왜 판매가격은 바뀌지 않는 걸까?

01

제품·서비스가 바뀌면 가격도 바뀌라

계란 프라이 하나 바꿨을 뿐인데…

제품이나 서비스의 내용이 바뀌면 당연히 원가가 달라진다. 원가가 오르거나 내려가면 이익의 구조도 바뀌게 되니 거기에 맞춰 판매가격도 바꿔야 한다. **즉, 스펙이 바뀌면 원가가 바뀌니 당연히 판매가격도 바뀌어야 한다.** 경영의 기본 중 기본이지만 의외로 현장에서는 소홀히 하는 회사가 많다.

당신이 레스토랑을 경영하고 있다고 가정해보자. 단골손님이 햄버거 정식에 곁들여 나오는 으깬 감자 샐러

드를 계란 프라이로 바꿔 달라고 했다. 계란 프라이의 원가가 높지만 단골손님의 부탁이니 단칼에 거절하기가 어렵다. '계란 프라이 정도는 그냥 드려도 되겠지'라고 생각해서 그 손님의 부탁을 들어줬다. 그런데 다른 손님들까지 계란 프라이를 부탁하게 되고 그러다 보면 곁들여 나오는 요리를 바꿔주는 것이 당연해지는 상황이 벌어진다. 자연스럽게 원가는 높아지고 이익은 떨어질 것이다. 그러면 어떻게 해야 할까? 간단하다. 다음과 같이 메뉴판에 적으면 된다.

150엔을 추가하시면 계란 프라이로 바꿔 드립니다.

이처럼 곁들여 나오는 요리, 즉 스펙이 바뀌면 원가가 바뀌니 판매가격도 바꿔야 한다. 하지만 이 당연한 일을 하지 않고 있다. 이런 예는 취급하는 상품이 많거나 복잡한 상품을 판매하는 회사에서는 결코 드문 일이 아니다.

설계 변경으로 낭비되는 부품이 수억 엔!

사실 이 레스토랑과 비슷한 사례는 제조업에서도 빈발하다. 대형 제조회사 E사에서도 '스펙이 바뀌면 판매가격을 바꿔야 한다'는 원칙을 지키지 않고 있었다.

E사에서는 수년 전부터 카탈로그 상품을 제조해서 판매하는 것이 핵심사업이었다. 제품 a는 ○○엔, 제품 b는 ○○엔, 제품 c는 ○○엔 등으로 판매가격이 결정되어 있었다. 그렇기 때문에 영업사원도 주저 없이 정해진 가격으로 판매했다. 하지만 시대가 바뀌면서 고객의 요구가 다양해지자 기존 카탈로그 상품만으로는 대응할 수 없게 되었다.

"제품 a 일부를 바꾸면 좋겠다."

"제품 b의 출력을 좀 더 높였으면 좋겠다."

이처럼 요구사항을 듣고 제품 a, 제품 b를 제품 a′, 제품 b′로 변경하는 것이 일반적인 일로 되었다.

설계를 변경하면 기능이나 부품을 추가 또는 삭제해야 한다. E사는 삭제보다 추가해서 설계를 변경하는 경우가 많았기 때문에 아무래도 원가가 높아질 수밖에 없었다. 그런데 설계 변경에 드는 비용을 추가하지 않고 기존 가격 그대로 판매했다. 또한 제품이 완성되기 직전에 추가로 수정을 요구하는 경우도 많았다. 영업사업들도 별생각 없이 요구를 받아주다 보니 쓸모없게 된 것이 대량으로 발생했다. 그 결과 수익이 악화되었고 **필요 없어진 것이 무려 수억 엔**에 이르게 되었다!

서비스의 일환이라는 영업부의 변명 아닌 변명에 넘어가 수익이 악화되는 상황에서도 변화하는 스펙을 가격에 반영하지 않은 것이다. 가격은 그대로 두고 고객이 요구하면 곁들여 나오는 음식을 바꿔주는 레스토랑과 같은 판매방식이라 볼 수 있다. **스펙이 바뀌면 반드시 판매가격을 다시 점검하는 구조가 필요하다.**

뒤늦게 주문을 변경하는 고객

일본에서는 과거의 상관습商慣習(옛날부터 전해지는 상거래에 관한 관행)이나 신뢰관계를 토대로 사소한 주문 변경은 적당히 타협해서 결정하는 경우가 많다. 그런 이유로 제조업계, 소프트웨어업계, 건설업계 등의 하청회사 대부분이 느닷없는 고객의 주문 변경 요구에 골치를 썩고 있다. 고객은 '제멋대로 행동하는 왕'과 같은 존재이기 때문에 어느 정도 요구에 따라줄 필요는 있지만 반드시 한도를 정해야 한다. 특히 B2B(기업과 기업 간 거래)에서는 일이 진행되고 있는 상황이나 제품을 다 만든 상황인데도 수정을 요구하는 경우가 많다. 그렇다고 이러한 요구를 들어주면 이익은 줄어들게 된다.

이렇게 막무가내로 주문을 변경하는 고객에게 휘둘리지 않으려면 주문내용과 관련 가격을 확실하게 문서에 명시한 다음, '이 조건으로 진행한다'라고 반드시 확인받아야 한다. 문서 외에 사진, 그림 등 증거가 될 만한 것은 반드시 남겨둔다. 이런 작업을 게을리하면 '뒤늦게 주문을 변경하는' 나쁜 상관습은 절대로 없앨 수 없다. 특히 수주하는 제품의 경우에는 고객이 원하는 점을 파악해서 설계부나 제조부와 함께 신중하게 숙고한 다음, 원가계산을 하고 최종적인 견적을 내놓아야 한다. 이 과정을 밟지 않으면 제멋대로 주문을 변경하는 고객에게 휘둘리게 된다.

02

품질 기준이 명확해야 한다

불량률 50퍼센트!

품질 기준을 정하는 문제도 가격 결정에 큰 영향을 미친다. 특히 품질 기준을 확실하게 정하지 않고 신상품을 개발하면 여러 가지 문제가 발생한다. 당연히 가격 결정도 실패하게 된다.

식품 제조회사 F사는 신사업으로 빵을 팔기 시작했다. 주력상품으로 특제 초콜릿이 발려 있는 빵을 내놓았는데 제조과정에서 문제가 발생해 불량률 50퍼센트라는 처참한 결과를 낳게 되었다. 원인은 두 가지였다.

① 생산을 시작하고 나서 품질 기준을 정했다.

② 지나치게 품질 기준이 엄격했다.

처음에는 기계가 아닌 손으로 초콜릿을 빵에 발랐다. 초콜릿을 솔로 바르다 보니 아무래도 정해진 위치에서 벗어나거나 바르는 양이 달라지면서 일정한 모양으로 완성되지 않았다. 생산을 이미 시작했는데도 불구하고 품질관리를 담당하는 사람이 "초콜릿이 일직선으로 균등하게 발려 있지 않다"라는 이유로 "판매할 수 없다"며 한 치도 물러서지 않는 것이었다. 겉모습 때문에 심각할 정도로 불량률이 높아진 상황이 되었고 결국 수익 악화로 연결되었다.

해결방안을 모색한 F사는 품질 기준을 완화하고 제품을 사진으로 판정하도록 하여 불량률을 크게 개선할 수 있었다. 초콜릿이 조금 고르게 바르지 않아도 고객은 그다지 신경 쓰지 않는다고 판단했던 것이다.

F사의 빵

품질책임자가 요구하는 빵의 품질

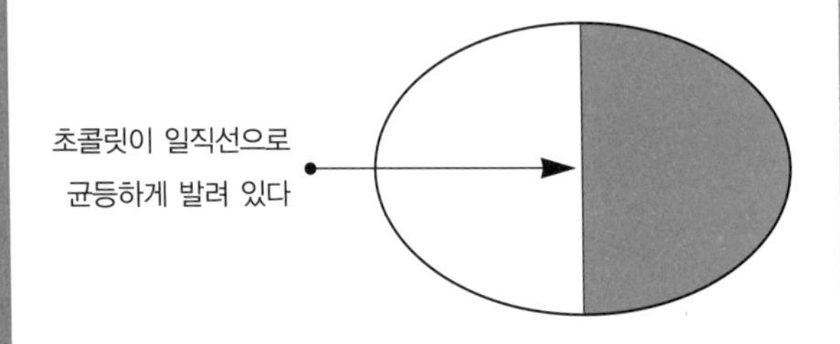

불량품이 된 빵

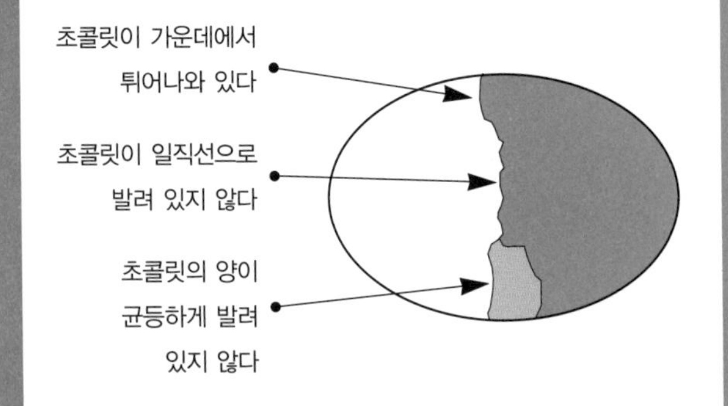

만들기 전에 품질 기준을 결정해야 한다

품질 기준을 명확하게 정하지 않고 만들기 시작하면 생산성이 악화되거나 F사처럼 불량품이 대량으로 발생한다. 수익을 악화시킬 뿐만 아니라 중대한 클레임claim으로 연결될 수 있다. 그러므로 제조업은 물론 서비스업에서도 반드시 품질 기준을 분명하게 정해놓고 본격적인 작업에 들어가야 한다. '아마 이 정도일 것이다'와 같이 감각으로 기준을 정해서는 안 된다.

품질 기준을 엄격하게 설정해도 불량품이 대량으로 발생할 수 있으니 그런 점을 예상해 판매가격을 책정할 필요가 있다. 100엔으로 판매하려던 제품의 생산율이 50퍼센트로 예상된다면, 100엔보다 20~30퍼센트 높은 가격으로 설정해야 적자가 나지 않는다. 따라서 품질 기준을 어설프게 정해놓고 가격을 결정하면 나중에 심각한 손해를 입을 수 있다.

03

포장비용을 가볍게 보지 마라

5퍼센트의 이익과 바꾼 과대 포장

한 지방의 카페에서 있었던 일이다. 200엔짜리 커피를 테이크아웃으로 주문했더니, 점원이 손잡이가 달린 큰 쇼핑백에 담아 주었다. 작은 노트북 한 대 정도는 들어갈 수 있는 봉투였다. 나는 내 것이 아니라는 생각이 들어서 받지 않았는데, 점원은 내 얼굴을 보면서 웃는 얼굴로 쇼핑백을 건네주었다.

쇼핑백을 받고 안쪽을 보니 커피가 쏟아지지 않게 하려고 컵을 꽂을 수 있는 구멍이 뚫린 두꺼운 종이 받침

대와 S 사이즈의 커피용기가 있었다. 두꺼운 종이 받침대는 구멍이 하나 더 뚫려 있었으며 속에는 아무것도 들어 있지 않았다.

나는 바로 마시려고 했기 때문에 커피용기를 바로 받아도 되었다. 쇼핑백을 버리는 것도 귀찮았고 솔직히 지나친 배려라고 생각했다. 점원은 서비스 정신이라고 생각할지도 모르겠지만 분명 과대 포장이었다. 서비스가 좋다고 칭찬받을 만한 일이 아니며 이익이란 측면에서도 문제가 있었다. 그 쇼핑백과 두꺼운 종이 받침대의 원가, 그리고 포장하는 노동력까지 포함하면 아마 10엔은 들 것이다. 200엔짜리 커피이므로 **계산상 5퍼센트의 이익이 날아가게** 된다. 물론 판매하는 모든 상품이 테이크아웃이 아니기 때문에 전체에 미치는 영향은 작을 수 있지만 이 또한 계산해보지 않으면 알 수 없다.

보통 회사는 영업이익을 0.5퍼센트 올리기 위해서 안간힘을 쓰고 있다. 쓸데없는 참견일지 모르지만 이익에 둔감한 그 카페의 판매방식에 깜짝 놀랐다.

포장도 스펙의 일부

이 카페의 예는 조금 극단적일지 모르지만, 포장비용이 이익을 압박하고 있는 사례는 의외로 많다.

상품 대부분은 봉지에 넣거나 종이 또는 비닐로 싸서 판매한다. 상품을 포장하지 않고 그대로 판매하는 경우는 거의 없다. 따라서 **포장도 스펙의 일부라고** 생각해야 한다. 포장하는 방법이 바뀌면 원가도 바뀐다.

그런데 이런 인식이 없는 회사가 한둘이 아니다. 포장비용을 원가에 포함시키지 않고 상품과는 별도로 취급하고 있다. 회계처리에서도 포장비는 '판매비 및 일반관리비'에 들어가는 경우가 많다. 그래서 포장을 판촉물의 일부로 보고 고객에게 무료로 제공하는 것을 당연하게 여긴다.

백화점에 출점한 전통과자업체 G사도 포장비를 스펙으로 보지 않는 바람에 얻을 수 있는 이익을 얻지 못했다. G사는 고급양갱 한 상자를 구매하는 고객에게는 포장지가 아니라 보자기로 싸주는 서비스를 실행하고 있었다. 이 서비스는 고객들에게 반응이 매우 좋았지만 보자기의 값은 원가에 포함되지 않았다. 현장 책임자가 판촉 서비스의 일환으로 제멋대로 결정한 일이었으며 G사의 사장은 당연히 그 사실을 모르고 있었다. 매장에 가서야 이 사실을 알게 된 사장은 "호화롭게 포장하면 어떻게 이익이 남겠나!"라면서 현장 책임자를 질책했다.

양갱을 2,000엔에 판매하면 G사의 이익은 400엔 정도다. 보자기 구입비는 적어도 150엔 정도 하니 이익의 절반 가까이가 날아간 것이다. G사의 사장은 바로 다음 날부터 보자기 서비스를 중지시키고, 보자기로 쌀 때는 별도의 요금을 받도록 포장방식을 변경했다. "원하신다면 고급스럽게 보자기로 포장해 드릴 수 있습니다. 대신 별도로 포장비를 받습니다"라고 설명하면서 보자기 포장을 바라는 고객에게만 유료로 보자기 서비스를 제공하게 했다.

판매량은 감소되었을까? 전혀 변화가 없었다. 보자기 비용 150엔이 그대로 이익으로 남게 되었다.

비닐커버를 무료로 교환해준 세탁소

내가 평소에 자주 가는 프랜차이즈 세탁소가 있다. 가게 벽에는 '비닐커버를 사용하는 손님에게는 별도로 5엔을 받습니다'라는 게시문이 붙어 있다.

내가 처음 이용했을 때도 비닐커버 값으로 5엔을 지불했다. 유료 비닐커버를 한 번 쓰고 버리기가 아까워서 여러 번 사용했는데 어느새 너덜너덜해졌다. 그걸 본 세탁소 직원은 서비스 차원이라며 새 비닐커버로 교환해줬고 그 뒤로도 자주 무료로 교환해줬다.

'5엔 정도라면 크게 상관이 없지 않을까?'라고 생각하는 사람이 많다. 하지만 한번 계산해보자.

와이셔츠 한 장의 세탁비가 얼마인가? 대략 200엔 정도다. **그렇다면 5엔은 2.5퍼센트에 이르는 금액이다. 앞에서 1퍼센트의 중요성을 언급했던 이익 방정식을 떠올려보자. 1퍼센트만 해도 이익에 대단히 큰 영향을 미치는데 2.5퍼센트라니….**

직원은 내(고객)가 기뻐할 거라고 생각해서 무료로 교환해줬지만 이런 자세는 회사의 이익을 조금씩 갉아먹는다. 분명 세탁소 경영자는 이 사실을 모를 것이다. 경영자가 가게에 있을 때는 이와 같은 서비스를 해주지 않기 때문이다.

04

제품 출하 시 포장비용도 무시하지 마라

수송 포장의 비용도 가격에 반영하라

일반적으로 제조회사 등에서는 제품을 골판지 상자나 비닐봉지 등에 넣어 출하한다. 이처럼 출하할 때 포장하는 것을 '수송 포장'이라고 한다. 이 **수송 포장도 스펙**이라고 할 수 있다.

이 포장에서도 스펙이 바뀌면 원가도 바뀌어야 한다. 판매가격에 반영해야 할 필요가 생기는 것이다. 그런데도 수송 포장의 비용에 둔감한 회사가 적지 않다.

전자부품 제조회사 H사는 제품을 1,000개 단위로

판매하고 있다. 출하할 때는 낱개포장이나 정렬포장으로 한다. 낱개포장은 말 그대로 나일론 진공봉투 안에 제품을 각각 넣는 방법으로, 그 봉투를 테이프로 고정시켜서 골판지 상자에 넣어 발송한다. 정렬포장은 칸막이가 있는 정리용 상자에 부품을 하나씩 넣는 방법이다. 당연히 정렬포장이 노동력과 비용이 더 들기 때문에 낱개포장보다 원가가 더 높다. 그 대신 수송 중에 제품이 훼손되지 않는 장점이 있다. 반면, 낱개포장의 경우 비용은 적게 들지만 제품이 훼손되기 쉬운 단점이 있다.

원래 수주하기 전, 즉 가격 결정의 단계에서 이 수송포장의 방식에 대해 결정해야 한다. H사는 그 결정을 소홀히 한 결과, 다음과 같은 문제가 발생하는 경우가 많았다.

H사가 낱개포장으로 발송할 예정이었는데 고객이 납품단계에서 "훼손되지 않도록 정렬포장으로 해줬으면 한다"라고 요구했다. 이미 낱개포장으로 결정한 사항이라고 했지만 고객은 그런 말을 한 적이 없다고만

할 뿐이다. 설령 고객의 억지라고 해도 그 요구를 무시할 수 없다. 정렬포장으로 인해 늘어난 원가를 판매가격에 반영하기에는 이미 늦어 버렸다.

수송 포장의 비용은 노동력까지 포함하면 의외로 무시할 수 없는 부분이다. 가격 결정을 할 때 중대한 사안이라고 해도 과언이 아니다. 그렇기 때문에 **거래를 시작하는 초기단계에서 포장방법을 문서로 확인받은 뒤, 가격 결정을 해야 한다.**

의외의 함정, 라벨

제품 본체나 골판지 상자에 라벨을 부착하는 경우가 있다. 내가 이전에 근무하던 전자기기 제조회사에서는 해당 국가의 규격이나 법률을 지키고 있다는 라벨을 붙였다.

라벨 비용은 기껏해야 2~5엔 정도다. 수천 엔, 수만 엔의 제품을 만들면서 2엔짜리 라벨에 신경 쓰는 일이 현실적이지 않을 수 있다. 그러나 문제는 라벨의 내용이 연도나 유형에 따라 빈번하게 바뀐다는 점이다. 내용이 자주 바뀌면 데이터 관리, 예전 라벨이 섞이지 않도록 하는 방지작업, 라벨 교체와 폐기 등 여러 가지 수고와 비용이 발생한다. 이처럼 라벨을 관리하는 데 비용이 든다면 당연히 이것도 판매가격에 반영해야 한다. 만약 10엔 단위로 판매가격이 저렴한 제품이라면 2엔은 무시할 수 없는 금액이다.

고객의 변덕이나 요구로 라벨 위치를 중도에 변경하는 경우도 생긴다. 라벨을 다시 붙이기 위해 노동력을 들여야 하므로 판매가격에 그 비용을 포함시키든지 아니면 사전에 라벨 붙이는 위치를 꼼꼼하게 확인하고 문서에 넣어야 한다.

불과 몇 엔에 불과해도…

라벨에 부가가치를 더하면 라벨 자체가 이익을 창출하도록 만들 수 있다. 내가 근무했던 회사에서는 품질관리를 철저하게 한 결과, 기준이 엄격한 유럽에도 수출을 많이 했다.

유럽은 특히 환경이나 인체의 안전에 관한 규제가 엄

격하며 그 기준을 통과할 경우 '인증마크'를 부여해줬다. 이 인증마크가 있는 제품은 그렇지 않은 제품에 비해 20~30퍼센트 비싸게 판매되었다. 다시 말해 **불과 몇 엔에 불과한 인증마크가 이익을 창출한 것**이다. 이익을 만들기 위해서는 '비용을 이익으로 바꾼다'라는 발상의 전환이 필요하다.

3장

서비스

원래 '유료'를 '무료'로 하지 마라

설치, 수리 등의 서비스 중에는 유료로 해야 하는 것도 있다. 그런데 왜 무조건 무료로 할까?

8200 130025

01

손해를 보는 회사 vs. 이익을 보는 회사

설계비용은 별도로 청구해야 한다

"서비스로 해드리지요", "무료로 해드릴 수 있습니다" 라고 하면서 요금을 청구하지 않아 손해 보는 회사를 수없이 봤다. 물론 무료로 해주는 대신 그만큼의 비용을 원가에 포함시키면 문제가 없지만, 실제로는 무료로 서비스를 제공하고 있다. 단지 '청구하기가 껄끄럽다' 라는 소극적인 이유로 말이다.

무료 서비스를 계속 제공하면 노동력과 비용만 들 뿐이지 전혀 이익을 얻을 수 없다. 이 전형적인 사례가 최종 제품으로만 이익을 챙길 수 있고 작업과정만 진행하면 손해 보는 회사다.

주문주택을 건축하는 회사를 예로 들겠다. 이 회사에서는 설계비용을 건축비 전체에 포함시킨다. 고객의 요구에 따른 설계를 하는데 50만 엔이 든다고 하자. 그런데 설계가 끝난 뒤에 고객이 집을 짓지 못하겠다고 하면 설계비용 50만 엔은 회수하지 못한다.

제조업에서도 이와 비슷한 경우가 종종 발생한다. 대형 기계장치를 취급하는 회사가 설계는 했지만 고객의 사정으로 결국 주문을 받지 못했다면 설계에 든 비용은 모두 공중에 뜨게 된다.

금액이 큰 제품이나 서비스를 취급하는 회사일수록 설계 등의 작업과정에서 발생하는 비용을 최종 제품에 포함하기 십상이다. 상인경영을 실천하는 회사라면 **설계비용은 최종 제품가격과 분리해서 별도로 청구해야 한다.** 이렇게 하면 설계비용을 날릴 위험을 줄일 수 있다. '그게 가능할까?'라고 생각하는 사람들에게 다음 사례를 들려주고 싶다.

별도 청구가 무리한 요구를 줄인다

작업과정에서 발생하는 비용을 최종 가격에 반영하는 것은 현실적으로 어렵다. 그러나 작업과정에 드는 비용으로 손해만 보는 회사일수록 발상의 전환이 필요하다.

인쇄회사 I사도 작업과정에 드는 비용을 청구하지 못하고 변덕스런 요구를 울며 겨자 먹기로 들어주고 있었다. I사는 주로 전단지, 팸플릿 등을 인쇄하는데 인쇄뿐만 아니라 디자인이나 레이아웃 작업도 하고 있었다. 그런데 디자인이나 레이아웃 작업을 하면 고객 대부분이 수없이 수정을 요구한다.

I사는 이런 고객의 수정 요구를 무조건 들어주는데, 비용이 추가로 발생해도 가격에 반영하지 못하고 '무료'로 해줬다. 결국 작업량은 엄청 늘어났지만 이익은 줄어드는 상황까지 이르렀다.

I사는 '수정요금은 별도로 청구한다'라는 대책을 세웠다. 전단지 1장당 10군데 이상의 수정이 있을 경우, 교정 횟수가 3회를 넘을 경우 추가요금을 받기로 하고 고객에게 알려줬다. 그러자 수정을 여러 번 요구하던

고객들이 한순간에 줄었다. I사는 수정 요구로 발생하는 작업량과 비용을 가격에 반영시킬 수 있었고(정확하게는 고객의 무리한 요구가 사라진 것이지만), 지금까지 손해만 보던 작업과정에서 이익을 만들게 되었다.

이 사례에서 얻을 수 있는 교훈은 **'고객에게 할 말은 분명히 해야 한다'**는 것이다. 그렇게 하면 지금까지 울며 겨자 먹기로 해왔던 일에 대한 보답이 이뤄지게 된다.

비용이 드는 것을 이해시켜라

그렇다고 작업과정에 들어가는 모든 비용을 청구하거나 가격에 반영하는 것은 현실적으로 어렵다. 기계 가동에 필요한 프로그래밍 작업이 이런 경우에 해당한다.

프로그래밍 작업은 엔지니어가 반나절에서 하루에 걸쳐 작업해야 하는데, 주문은 단 1개에 불과하거나 작업시간은 단 30분인 경우도 있다. 그렇지만 프로그래밍 작업비용을 별도로 청구하는 회사는 거의 없다. '시간과 비용이 들어가기 때문에 별도요금을 청구하고 싶지만 프로그래밍 대금을 제품가격과 분리하는 회사가 없어서 가능하지 않다'는 것이 현실이다.

비용을 청구하는 문제는 별도로 하더라도 **'이 정도의 시간과 비용이 든다'는 점은 전달**해야 한다. 내 경험상 고객은 프로그래밍과 관련해서는 문외한이므로 프로그래밍에 상당한 노동력이 들어간다는 사실을 모르는 경우가 많다. 따라서 요금은 청구하지 못해도 그런 점을 밝혀 놓으면 차후에 가격을 협상할 때 유리하게 작용할 수 있다. "다음에 프로그래밍 작업이 필요할 때는 비용을 지불하겠다"라고 말해주는 고객이 나타날 수도 있다.

프로그래밍 비용을 청구하는 것 자체가 부담스러운 경영자도 있겠지만, 상인경영을 하는 경영자는 이러한 내 이야기를 실행에 옮기고 있을 것이다.

우선적으로 작업과정에 추가로 들어가는 비용은 최종 제품가격과 분리해서 '이 이상의 작업이 발생하면 별도요금을 받는다'라는 방침을 정한 다음, 실행으로 옮기기 위한 방법을 내부에서 신중하게 검토한다.

02

설치비는 별도로 청구한다

전략적인 무료는 괜찮지만…

이삿짐센터 전단지에서 '에어컨 설치 무료!'라는 글을 보게 되었다. 보통 1만 엔 정도의 설치비가 드는데 이사하는 사람이 적은 비수기에는 이와 같은 서비스로 고객을 유치하려는 것이다. 물론 전략적인 무료는 문제가 없지만 깊이 생각하지 않고 단순하게 무료 서비스를 실시하는 회사가 의외로 많다.

기계를 제조·판매하는 회사에서는 고객이 원하는 곳에 설치할 때 기초공사 외에 전기공사 등 들어가는 비용이 적지 않다. 제품가격이 5백 만~5천만 엔 정도라면 설치비는 5십 만~1백만 엔 정도 든다. 그런데 이 설치비를 별도로 청구하지 않는 회사가 있다. 회사의 경영자에게 이유를 물으면 "설치비는 제품가격에 포함되어 있기 때문에 손해는 보지 않는다"라고 말한다.

하지만 기본적으로 설치비는 별도로 청구해야 한다. 기초공사, 전기공사 등은 기본이 몇 시간이며 장소에 이상이 있으면 더 걸린다. 현장에는 여러 가지 변수가 있기 때문에 쉽게 마무리되지 않는 것이 설치공사의 특징이다.

설치비 때문에 이익이 사라진다

경기가 좋다면 제품가격을 부풀려서 다소 높게 설정해도 상관이 없었다. 하지만 가격 경쟁이 치열한 요즘 상황에서는 비용이 약간만 증가해도 이익이 급격하게 감소한다. 설치작업이 제대로 진행되지 않으면 이익이 크게 줄어들고, 자칫 잘못하면 사라질 수도 있다. 그러므로 **설치비를 제품가격과 분리하고 현장에 맞는 가격을**

별도로 청구하면 이익이 날아가는 일은 막을 수 있다.

내가 컨설팅을 했던 J사는 설치비를 별도로 청구하고 있었다. 반면 동종업계의 다른 회사들은 별도로 청구하지 않았다. 굳이 말할 필요도 없이 이익이 나고 경영이 안정되어 있는 곳은 J사다.

J사는 계약하기 전에 설치장소를 확실하게 확인한 뒤에 필요한 설치비 견적서를 제시했다. 만약 변동사항이 발생하면 견적서를 다시 작성했다. J사는 이 원칙을 철저하게 고수했다. 상인경영을 충실히 따르는 회사는 이러한 노력을 게을리하지 않아서 확실하게 이익을 확보한다고 할 수 있다.

03

무상 수리의 덫

5년이 지나도 무상 수리?

"판매한 지 5년이나 지났는데도 무상으로 수리해주고 있다고요?"

상용차商用車(사업에 사용되는 자동차)의 외장품을 만드는 K사를 컨설팅하던 나는 차에 녹이 생겼다는 고객의 클레임을 무상으로 처리해줬다는 영업사원의 이야기를 듣자마자 큰 소리를 내고 말았다.

나는 "상용차라면 비바람에 노출되고 짐을 싣고 내릴 때 긁히므로 흠집이 생깁니다. 그러니 5년 정도 지나면 녹이 스는 것은 당연합니다. 그런데 왜 무상으로 수리해주나요?"라고 물었다. 그 영업사원은 "그런 요구를 거절하면 다음부터 주문이 들어오지 않습니다"라고 대답하는 것이 아닌가.

"그러면 보증기간은 몇 년이죠?"라고 물었더니 한술 더 뜬 대답이 돌아왔다.

"보증기간은 정해져 있지 않습니다."

다른 회사는 1년이란 보증기간을 정해놓고, 그 기간 이후에 수리를 요청하면 고객에게 비용을 청구하는 것이 일반적이었다. 그런데 K사는 보증기간을 정해놓지 않았다. 게다가 문제의 외장품은 고도의 기술이 필요한 특수한 제품이라서 다른 대기업에 외주를 주고 있었다. 원래는 그 대기업의 제품에 문제가 있었기에 녹이 스는 것이다. 그런데 K사는 대기업과도 책임의 범위를 정해놓지 않았기 때문에 꿀 먹은 벙어리처럼 아무 말도 할 수 없었다.

나는 K사와 같은 제품을 만드는 회사에도 컨설팅을 한 적이 있었는데, 그 회사는 **확실하게 1년이란 보증기**

간을 정해놓고 '그 이후의 수리는 유료입니다'라는 글이 적힌 문서를 배부한다. K사보다 그 회사가 더 높은 이익을 올리고 있었다. 이익을 내는 회사는 확실하게 유상으로 수리를 하고 있는 것이다.

보증기간은 반드시 적어라

각별히 아끼는 구두가 있는 지인이 있었다. 그는 구두의 굽이 닳으면 바로 근처 구두수선점에 가서 고쳤다. 비용을 지불하고 받은 영수증에는 '오늘부터 1개월이 지난 후 다시 수선이 필요하면 유료입니다'라고 적혀 있었다. 보증기간이 명확하게 기재되어 있는 것이다. 만일 그 영수증에 보증기간이 적혀 있지 않았다면 "제대로 고쳐주지 않아서 금방 망가졌다"라고 트집을 잡는 손님이 나타날 수도 있다.

이러한 사례는 모든 기업에 적용될 수 있다. 수리가 필요한 제품을 판매하는 회사나 수리전문사업을 하는 회사는 보증기간을 명기하거나 매장에서 설명해주는 대책을 세우지 않으면 나중에 고객이 무리한 요구를 해도 어쩔 도리가 없다.

고객의 책임이라도 무상으로 수리?

심지어 고객이 잘못해서 망가져도 무상으로 수리해주는 경우가 있다. 한 제조회사의 부장은 영업사원이 제출한 클레임에 관한 보고서를 읽다가 석연치 않은 점을 발견했다.

"무상으로 수리해준다고?"

이 회사의 제품인 샤프트(금속제의 긴 축)가 부러졌다는 클레임이 들어왔다. 하지만 샤프트는 쉽게 부러지지 않으며 지금까지 그런 클레임을 받은 적도 없다. 이상하게 생각한 부장은 영업사원에게 어떤 문제인지 물었다. 그랬더니 클레임이 들어오면 무조건 무료로 수리해야 한다고 생각했다는 것이 아닌가.

클레임을 신청한 회사에 가서 확인해보니 작업자가 무리하게 사용하다가 부러진 것이다. 고객에 책임이 있으므로 당연히 고객이 부담하거나 처리해야 한다.

좀 더 들어보니 고객도 딱히 클레임을 건 것이 아니라

영업사원에게 단지 부러졌다고 말했는데 영업사원이 바로 "무상으로 수리해 드리겠습니다"라고 대답한 것이다. 영업사원의 착각 때문에 괜한 수리비용이 들 뻔했다.

수리 의뢰를 받으면 고객에 책임이 있는지, 자사에 책임이 있는지 확인해야 한다. 수리비용이 일정액을 넘으면 임원이나 사장이 판단하는 회사도 있다. **영업사원이 멋대로 '무상'이라는 가격 결정을 하지 않도록 하는 회사의 제도적 장치가 필요하다.**

상황을 고려하지 않고 수리해주면 안 된다

고객이 "수리용 부품을 보내주기를 바란다"라고 요청하는 경우가 비일비재하다. 재고가 있거나 주변 어디서나 구할 수 있다면 곤란하지 않지만 재고가 없으면 소량으로 만들어야 하는데 비용이 많이 들 수밖에 없게 된다.

부품 교환이 필요한 컴퓨터 등의 수리를 의뢰하면 놀랄 정도로 고액의 견적서를 받곤 한다. 그만큼 원가가 들기 때문에 비싸진 것이다.

내가 알고 있는 한 회사에서는 다음과 같은 일이 있었다. 의뢰한 부품을 만들려면 특수한 기계가 필요했고 10만 엔 정도의 비용이 들었다. 그런데 영업사원은 '수리비를 요구하기가 미안하다'며 그 10만 엔을 청구하지 않았다. 이 회사는 부품 한 개를 바꿔주면서 10만 엔의 손해를 본 것이다.

"이 부품을 만들기 위해서는 특수한 기계가 필요하고 그 비용이 10만 엔이 드는데 괜찮으시겠습니까?"라고 미리 설명하는 것이 올바른 대응방식이다.

4장

수량

일정한 양이 되어야 이익이 난다

소량주문으로 작업량만 늘고 있지 않는가? 일정한 수량이 판매되지 않으면 매출액은 기대할 수 없고 비용만 늘어날 뿐이다.

01

최소 판매수량을 결정하라

일정한 양이 되어야 이익을 낼 수 있다

1회당 출하하는 수량이 적으면 원가가 높아지기 때문에 당연히 판매가격을 올려야 한다. 그런데 많은 회사가 이 점을 간과하고 있다.

사무용품 등 단가가 낮은 상품을 온라인에서 구매할 때 보면 '볼펜은 한 상자 이상', '파일은 10개 이상' 등 최소 판매단위가 정해져 있다. 판매량이 적으면 처리비용이나 배송비용이 증가하므로 어느 정도 수량 이상이 확보되어야 이익을 남길 수 있기 때문이다. 이처럼

B2C(기업과 소비자 간 거래)에서는 최소 판매량을 정한 경우가 많은데 B2B, 즉 기업과 기업 간 거래에서는 그렇지 않은 경우가 많다.

고객이 부품 하나를 빨리 보내달라고 요구했다. 부품 가격보다 배송비용이 더 들어가면 손해를 보면서까지 상품을 파는 상황이 되니 전혀 고마운 주문이 아니다. 최종 소비자를 상대하는 B2C라면 채산성은 고려하지 않고 융통성 있게 대응해서 고객의 환심을 살 수도 있다. 이 일로 단골고객을 확보하는 계기가 될 수 있으니 당장은 손해지만 차후에 보상받을 가능성이 있다. 하지만 B2B의 경우에는 사정이 다르다. 부품을 실제 발주하는 사람(구매 담당자)과 필요로 하는 사람(작업자)이 다른 경우가 대부분이다. 그래서 '고객을 위해' 채산성을 외면한 대응을 하더라도 **현장에서 정말로 필요로 하는 사람의 환심을 산다고 볼 수 없다.** 결국 '고객의 요구에 발 빠르게 대응할 수 있었다'라고 생각해도 단지 자기만족으로 끝날 수 있다.

표준 외 청구 가격

그렇다고 '소량은 판매하지 않습니다'라고 문전박대를 하면 서로 관계가 나빠진다. 주문이 다양할 수밖에 없으므로 고객의 필요에 대응하는 시스템을 만들어야 한다. 그 시스템이 바로 **'표준 외 청구 가격'**이다.

'5개 이상 주문하면 1개당 1,000엔(5개 5,000엔)'에 판매하는 제품이 있다. 그런데 1개 주문해도 똑같이 1,000엔에 판매하면 이익이 나지 않는다. 대신 '1개만 주문할 때는 2,000엔으로 판매합니다'처럼 '표준 외 청구 가격'을 정하면 고객의 필요에 대응하는 동시에 이익도 확보할 수 있다. 현장에서 "1개만 판매하지 않습니다"라고 퉁명스럽게 거절하는 일도, "어떻게든 해보겠습니다"라고 무턱대고 수락해서 적자를 발생하게 하는 일도 없어진다. 이익을 지키기 위해서 매우 중요한 작업이다.

상인경영을 철저히 하는 회사는 반드시 '표준 외 청구 가격'이 있다. 정해진 범위를 벗어난 주문에도 능숙하게 대응할 수 있는 카드가 되는 것이다.

02

최소 납품 횟수를 정한다

빈번한 소량배송

제품을 생산하는 회사는 납품 횟수가 증가하면 그만큼 배송비가 더 들어가므로 비용 증가의 원인이 된다. 그래서 한 번에 다 보내기를 원한다.

반면 발주하는 회사는 한 번에 제품을 받으면 보관할 장소를 확보하는 문제에 부딪힌다. 그래서 3일분의 부품이라면 3일분을 한꺼번에 받기보다 하루에 3분의 1씩 받기를 원한다. 잦은 소량배송을 요구하게 된다. 이런 소량배송을 철저하게 지키는 회사 대부분은 필요할 때마다 부품을 하청업체에서 받는 '저스트 인 타임Just in Time' 방식을 도입하고 있다. 필요할 때마다 필요한 만큼만 생산하는 방식이어서 하청업체는 언제 주문이 들어올지 모르니 미리 준비하고 있어야 한다.

내가 컨설팅을 하던 L사도 고객이 이러한 방식이어서 부품을 빈번하게 소량으로 배송했다. 고객에게는 이 시스템이 큰 이점일지 모르지만 L사의 창고를 보면 이익을 악화시키는 원흉일 뿐이었다(현실적으로는 이 시스템이 실패한 경우가 많다).

L사는 100개 정도 부품을 저스트 인 타임 방식으로 납입해야 했는데, 그중에는 조달하는 데 4개월이나 걸리는 것도 있었다. 이렇게 오래 걸리는데도 2일 전에 의뢰가 들어오는 경우가 있다. 그래서 기간을 맞추기 위해 미리 만든 제품이 창고 통로까지 넘쳐나 있었다.

재고를 줄여야 이익이 생긴다

조달에 4개월이나 걸리는 부품까지 저스트 인 타임 방식에 맞추면 안 된다고 판단한 나는 L사의 담당자에게 고객을 설득해서 제외하자고 제안했다.

"그건 어려운 일입니다."

"조달에 4개월이나 걸리는 부품이 있다는 것을 고객사는 알고 있나요?"

"모를 겁니다. 설명한 적이 없으니까요."

"고객사의 담당자는 어떻게 해서든 저스트 인 타임을 철저하게 지키는 것이 업무입니다. L사의 상황에 대해서는 거의 모르고 있는 것이죠. 그러니 알기 쉽게 현재 상황이 힘들다는 것을 설명한다면 분명 이해해줄 것입니다."

그 후 100개 중에서 4개월이나 걸리는 부품을 포함해 20개가 제외되었으며, 되도록 한 번에 납품하도록 했다. 재고는 점차 줄었고, 반년 후에는 창고의 통로가 빌 정도까지 되었다.

계약단계에서 납품 횟수를 정한다

이처럼 빈번하게 소량배송을 요구할 때 L사처럼 도중에 협상할 수 있지만, 주문을 받는 단계에서 납품 횟수나 방식 등에 대해 합의하는 것이 이상적이다.

운송회사 M사는 편의점이나 카페 체인점에 주로 배송을 했는데 심할 정도로 소량배송이 잦았다. 그런데 M사는 꾸준하게 이익을 내고 있다. 철저하게 컴퓨터로 납품 경로를 관리하고 최적의 운송거점을 확보해 다른 운송회사보다 효율적으로 대응할 수 있었다. 무엇보다 계약을 체결할 때 납품 횟수의 기준과 '주 ○회를 넘으면 추가요금을 청구한다'는 항목을 넣어 이익을 확보할 수 있었기 때문이다.

03

설비 투자를 한다고요?

가동하지 않는 설비를 찾아라

한번 회사 안을 살펴보기 바란다. 쓰지 않는 컴퓨터, 가만히 있는 기계가 한 대 이상은 있을 것이다. 아마도 어딘가에 사용하지 않는 기기가 있다.

컨설팅을 하기 위해 가보면 내부에 사용하지 않는 설비가 의외로 많다는 사실을 알게 된다. 가장 인상 깊었던 회사는 전자부품을 가공하는 N사였다.

N사 사장은 '공장의 자동화가 제조업이 살아남는 길이다'를 경영방침으로 내세우고 설비도 최상급으로 해

서 보기에 훌륭했다. 그런데 가동되지 않은 설비들이 곳곳에 있었다. 판매수량을 충분히 파악하지 않고, 사장이 충동적으로 사버린 것이다. 이런 투자는 이익을 갉아먹는 상황을 만들 뿐이다.

직감으로는 안 된다

당연한 말이지만 설비 투자를 하면 투자자금을 회수해야 한다. 그러기 위해서는 일정한 수량을 판매해서 설비를 가동시킬 필요가 있다. 이는 누구라도 알고 있는 경영의 원칙인데, 현실에서는 N사의 사장처럼 경영자의 직감으로 설비 투자를 하고 있다. 그렇게 되면 현장에서 아무리 비용을 절감해도 이익을 높이기 어렵다.

'설비 투자를 하면 어느 정도 수익을 올릴 수 있는가', '얼마를 투자하면 얼마의 이익이 나는가', '얼마를 팔아야 고정비가 회수되는가'라는 고민을 갖고 시뮬레이션을 진행해야 한다. 제품이 얼마나 팔리는가를 정확하게 예측할 수 없으므로 판매 예측량을 긍정적으로 보는 경우, 부정적으로 보는 경우, 그리고 중간의 경우로 나누고 동시에 원가나 판매가격의 패턴도 다양하게 구성해서 이에 맞춰 시뮬레이션을 해야 한다. 그래야만 비로소 '최악의 경우에는 이 정도 판매되어야 회수가 가능하다'는 현실적인 수치가 보이게 된다. 여기서 핵심은 사장뿐만 아니라 현장의 실무자(기술팀, 영업팀)도 어느 정도 이해한 다음에 결정해야 한다는 것이다.

지금 설비 투자를 계획하고 있는가? 그렇다면 **설비 투자로 실패하는 회사 대부분은 논리적으로 생각하지 않고 (사장의) 직감으로 승부를 보려는 회사**라는 사실을 잊지 마라.

04

초기비용은 반드시 회수되어야 한다

월간 판매수량보다 누적 판매수량

회사 대부분은 월간 판매수량을 목표로 정하고 경영한다. 월 5,000개 판매가 목표라면 그것을 달성하기 위해 회사 전체가 움직인다. 물론 월간 판매수량은 경영상 중요하다. 다만 회사 대부분이 **월간 판매수량은 신경 써도 누적 판매수량**(이하 '기획 수량')**은 거들떠보지 않는 것**이 문제다.

3년에 걸쳐 10만 개를 판매했을 때와 3년 동안 1만 개를 판매했을 때는 이니셜코스트Initial cost의 회수 정도가 크게 달라진다. 이니셜코스트란 개발비, 판촉비 등 제품을 본격적으로 판매하기 전에 들어간 비용을 말한다(이하 '초기비용').

초기비용이 100만 엔이라면 10만 개 판매한 경우에는 1개당 10엔이고, 1만 개 판매한 경우에는 1개당 100엔이 된다. 기획 수량을 신경 쓰지 않으면 이런 현실이 눈에 잘 들어오지 않는다. 사람들 대부분은 '월 5,000개'와 같은 월간 수치에 주의를 빼앗겨 '3년간 10만 개'라는 누적 수치를 인식하지 못한다.

테스트 마케팅으로 리스크를 피한다

판매수량이 많아지면 초기비용을 빨리 회수할 수 있고, 반대로 적어지면 회수할 수 없다. 이런 위험 때문에 테스트 마케팅test marketing(신제품을 본격적으로 판매하기 전에 미리 소비자를 선별해 선호도 등을 조사하는 일)을 시도하는 경우가 많다.

식품회사에서는 새로운 드레싱을 개발하면 막대한 판촉비가 들어간다. 만일 드레싱의 판매실적이 저조하면 초기비용은 회수될 수 없다. 그래서 처음에는 드레싱을 조금만 만들어 조사 차원으로 판매해본다. 그 결과 가능성이 보이면 본격적으로 판촉활동을 진행한다. 이러한 테스트 마케팅의 과정을 거치면 초기비용의 미회수라는 리스크risk를 어느 정도 피할 수 있다.

물론 기획 수량 설정의 필요성은 강조해도 지나치지 않는다. 이 설정이 어렵겠지만 전혀 설정하지 않고 대충 하는 것보다 설령 정확도가 많이 떨어져도 설정하는 편이 낫다. 그리고 실적과 비교하면서 초기비용을 어느 정도 회수할 수 있는지 검토하는 것이다.

기획 수량에 도달하지 못하면 견적을 다시 낸다

수주제품을 만드는 회사는 현실적으로 고객의 요구에 따르기 위해 초기비용의 범위를 정하는 경우가 많다. 그러나 기획 수량 이상으로 판매되지 않으면 초기비용이 회수되지 않아 손실을 입게 된다. 그러므로 **투자하기 전에 고객의 기획 수량을 확인하는 과정**이 반드시 필요하다. 대략적인 수치라도 좋다. 미리 확인하지 않으면 초기비용을 회수하기 전에 주문이 끊기는 상황이 발생할 수 있다.

기획 수량을 채우지 못해 곤란해지기 전에 견적서에 '○만 개로 계산한다' 라는 점을 기재하는 것이 중요하다. 만약 ○만 개에 도달하지 못하면 다시 견적을 내서 초기비용이 미회수되는 일을 방지한다. 그만큼 초기비용에는 세심한 주의가 필요하다.

5장

시간

시간이 곧 돈이다

고객의 요구에 쫓겨 너무 바빠지지 않았나? '시간을 돈으로 바꾼다' 라는 발상으로 이익을 만들어야 한다.

8200 130025

01

리드타임이 중요하다

납기일을 급하게 요구한다면…

시간을 돈의 시각으로 보면 자사에 유리한 가격을 결정할 수 있고 자연스럽게 이익까지 얻게 된다. 특히 리드타임lead time(고객의 주문부터 납품까지 드는 시간)은 돈으로 변환하기 쉬운 부분이다.

그런데 회사 대부분이 고객의 쏟아지는 짧은 납기 요구에 시달리고 있다. '고객의 요청에는 발 빠르게 대처하는 것이 서비스의 일환이다'라고 생각해서 경영자도 직원들을 재촉하기 마련이다. 물론 고객의 필요에 맞게 대응하는 것은 중요하지만, 도가 지나치면 안 된다. **고객의 무리한 요구를 전부 수용한다는 태도는 다시 한 번 생각해볼 문제**이다.

"지금 당장 갖고 와"라는 무리한 요구에 맞추다 보면 그만큼 급하게 처리하느라 비용이 추가로 발생한다. 그런데 그 추가되는 비용을 청구하지 않는다. 이처럼 지나치게 착한 마음을 가진 회사가 많다.

고객의 무리한 요구를 들어주다가 회사가 엉망진창이 되는 경우를 나는 수없이 봤다. 그야말로 '가난한 사람이 일에 쫓겨 살듯이' 이익은 제대로 올리지도 못하는데 엄청 바쁜 장인경영의 회사였다.

상인경영의 회사는 급하게 요구받은 일에는 가격을 더 받고 있다. 금속가공업 O사는 경영이익률 10퍼센트를 자랑하는 우량기업이다. 사장은 전형적으로 상술이 뛰어난 상인으로, 내가 컨설팅을 시작하기 전에 이미 급한 납품에 대한 요금 구조를 구축하고 있었다.

급하게 처리하는 납품에는 통상요금의 1.2배, 특급으로 처리하는 납품에는 1.5배를 한 견적서를 보낸다.

보통 O사처럼 수주제품을 만들고 있는 회사라면 대부분 고객의 짧은 납기발주에 대해 울며 겨자 먹기로 철야까지 각오하며 밤낮으로 일하는 것이 현실이다. 하지만 O사의 사장은 딱 잘라서 말한다.

"급한 쪽은 우리가 아니다. 시간을 다투는 일이니만큼 '싸게 해달라' 고 요구하지도 않는다. 오히려 짧은 납기인데도 해줘서 고맙게 생각한다."

상대방의 약점을 이용한다는 말도 있지만, 촉박한 납기일자 때문에 회사가 뒤죽박죽이 되는 경우에는 좀 더 높게 가격을 정하는 자세가 필요하다.

표준 리드타임과 가격을 내세운다

짧은 납기 때문에 회사가 힘들어지고 이익이 감소하면 시간을 들여서라도 해결방안을 세워야 한다. **표준 리드타임을 미리 정하고 그것을 넘는 급한 일처리 요구에 대해서는 할증요금을 설정하는 방법**이 가장 무난한다. '1개월의 리드타임이 필요한 일을 3주 안에 해주기를 요구하면, 20퍼센트 높은 요금을 청구한다' 와 같은 규칙을 만드는 것이다.

출판물의 교정작업을 외주로 하는 P사는 마감 일정에 따라 가격이 다른 가격표를 준비해서 리드타임을 돈으로 바꾸는 데 성공했다. 일정이 촉박한 일에는 특별요금을 정해 이익을 추가로 올리고 있는 것이다.

급한 처리를 원하는 일에 할증요금이 붙게 되면 거래를 끊는 경우도 생기지만 반대로 좀 더 빠르게 일을 부탁하는 경우도 생긴다. 수준 높은 결과물을 만들어내 '분초를 다투는 급한 일도 빈틈없이 해준다' 라는 평가까지 받으면 자사의 이름을 높일 수도 있다. 그렇게 되면 할증요금을 내서라도 일을 맡기려는 고객이 늘어날 것이다. 이와 같이 표준 리드타임, 할증요금을 명확하게 설정하면 고객을 상대하는 영업자들도 무리한 요구에 당당하게 추가비용을 청구할 수 있다.

물론 지금까지 거래하던 곳에 "일정에 따라 요금을 더 받겠다"라고 말하기 위해서는 용기가 필요하다. '거래가 끊기지 않을까?' 라는 불안한 마음이 들 수도 있다. 느닷없이 할증요금을 청구하는 것은 현실적이지 않다. 시간을 들여서 조금씩 특정한 고객부터 설득하는 자세가 좋다. 일정이 촉박한 주문을 계속하면 현장의 혼란을 정중하게 설명하고 "매일 급하게 들어오는 주문으로 철야를 하고 있습니다. 다음 달부터는 시간에 따라 판매 가격을 다르게 받겠습니다"라고 부탁하는 것이다. 이렇게 시간을 들여 고객을 설득하면 확실하게 이익을 만드는 계기가 된다.

리드타임을 돈으로 바꾼 세탁소

앞에서 언급했던 프랜차이즈 세탁소의 사례를 다시 한 번 들겠다. 이 세탁소에서는 '세탁물을 빨리 가져가면 10엔 빼주는' 서비스를 실행하고 있다. 세탁물은 일종의 '보관품(재고)'이 되기 때문에 하루라도 빨리 가져가면 보관에 드는 비용이 줄고 대신 이익이 늘어난다.

동시에 '작업시간을 더 주면 10엔 빼주는' 서비스도 하고 있다. 보통 셔츠는 맡긴 다음 날에 찾아갈 수 있는데 '작업시간을 더 주는 경우'에는 5일 뒤에 찾아가게 한다. 한가한 시간에 일을 처리할 수 있으니 가동률이 높아지는 이점이 생긴다.

물론 '10엔 할인'은 표면적으로 이익을 줄게 한다. 하지만 원가 계산을 한 후에 이익이 발생하면 세탁소 매출에는 긍정적으로 작용하며 고객을 효과적으로 확보하는 수단이 될 수 있다. 그야말로 리드타임을 돈으로 바꾼 좋은 사례라고 할 수 있다.

02

신선도가 돈이 된다

신선도를 내세워 판매가격을 올린다

'공장에서 3일 이내 출하! 신선도 최고!'

이런 맥주 광고를 본 적이 있을 것이다. 특히 식품은 신선도新鮮度가 생명이다. 만든 기간이 얼마 되지 않는 식품일수록 맛이 뛰어나므로 소비자는 당연히 신선도가 높은 식품을 선호한다. 가격이 조금 비싸도 소비자는 이런 상품을 즐겨 산다.

'신선도가 돈이 된다.'

Q사는 이 말을 실천하고 있다. 주로 과자를 만드는

데 관광객들에게도 그 인기가 높다. 바로 구운 과자가 맛있는 것처럼 Q사의 과자도 갓 구워서 판다는 특징이 있다. 가격이 다른 과자보다 30퍼센트 비싸지만 조금 비싸도 맛있는 것을 먹고 싶어 하는 사람들에게 압도적인 지지를 받고 있다.

포장에 신경 쓴 전통과자점

내가 알고 있는 한 전통과자점도 신선도를 중시해서 매출이 늘고 있다. 방부제 등을 사용하지 않으면서 예로부터 전해지는 소박한 맛의 아마낫토(콩이나 팥을 꿀물에 졸여 만드는 일본 과자)가 인기상품이다. 다른 아마낫토보다 가격이 비싸지만 가게 안은 항상 손님들로 북적대고 있다.

신선도를 유지하기 위해 개발한 포장 팩은 한 달 뒤에도 방금 만들어진 아마낫토의 맛이 나게 한다. 그래서 멀리서 온 관광객에게도 큰 호응을 얻고 있다.

Q사의 과자도, 아마낫토도 '시간'을 단순히 시간으로만 생각하지 않고 돈이라는 관점으로 본 뛰어난 사례

라고 할 수 있다. 엄격하게 신선도를 관리해 다른 상품과 차별화하고 이 점을 훌륭하게 홍보하고 있는 것이다. 이처럼 **신선도를 자사만의 강점으로 하고 판매가격을 높게 설정하니 가격 경쟁을 신경 쓰지 않아도 되는 사업을 할 수 있게** 되었다.

03

계절상품이라도 이익을 올릴 수 있다

겨울에만 팔리던 상품을 여름에도 팔다

계절에 따라 수요 변동이 있는 상품을 '계절상품'이라고 한다. 여행상품이 대표적인데 여행하기 좋은 시기에는 관광객이 많기 때문에 관련 비용이 껑충 뛴다. 반면 비수기에는 전반적으로 저렴해진다. 1박에 2만~3만 엔 하는 호텔을 비수기에는 1만 엔 정도에 이용할 수 있다. 여행업계에서는 이처럼 가격을 변동시켜서 계절에 따른 수요 변동에 능숙하게 대처하는데, 이런 발상을 제조회사 등에 도입해도 재미있는 결과가 나온다.

R사는 간모도키(두부에 야채를 넣어 튀긴 음식)를 판매하고 있는데 겨울에는 날개 돋친 듯이 팔리지만 여름에는 파리만 날린다. 궁여지책으로 여름에는 다른 상품을 만들어 판매하지만 가동률이 떨어지는 것이 고민거리였다. 전형적인 계절상품인 것이다.

R사의 사장은 기계를 놀리기가 아까워서 여름에도 공장의 가동률을 높이는 방법을 찾기 시작했다. 그래서 내놓은 것이 통상적인 가격보다 몇십 퍼센트 저렴한 '가격이 싼 간모도키' 였다. 원가를 낮추기 위해 다른 회사가 주목하지 않던 저렴한 재료로 맛이 뒤떨어지지 않는 간모도키를 만들어 냈다.

가격이 싼 간모도키는 예상외로 크게 인기를 끌었다. 단지 싸게 팔았기 때문에 성공했다고만 할 수 없다. 재료비를 절감하고 여름 비수기에 기계 가동률을 올리면서 고정비를 회수하게 된 영향도 컸다.

판매가격을 낮추면 가동률이 높아진다

계절상품을 생산하고 있다면, 판매가격을 낮춰서 가동

률을 올리는 방법도 생각해본다. 공장 전체의 고정비는 회수할 수 없어도 가동되지 않는 기계의 고정비는 회수할 수 있기 때문이다. 비수기에 기계를 움직여서 계절변동에 의한 이익 감소를 줄이는 것이다.

R사의 사장은 '가격이 싼 간모도키'는 비수기인 여름에만 판매하고, 성수기 겨울에는 기존에 팔던 간모도키를 판매했다. 보통 상품이 인기를 끌면 1년 내내 만들고 싶어 하지만 결국 공장에 혼란을 초래할 뿐이다. **'가격이 싼 간모도키'는 계절 변화에 따른 상품으로 선을 그은 것이 R사의 성공 포인트**라고 할 수 있다.

계절상품은 성수기와 비수기가 있어서 높은 매출을 기대하기 힘들다고 한탄만 하지 말고 '비수기여서 가능한 일이 있을 것이다'라는 생각으로 보면 분명 새로운 비즈니스 기회가 생긴다.

04

적기를 놓치지 마라

시든 상품과 시들고 있는 상품

상품에는 '효자 상품'과 '불효자 상품'이 있다. 잘 팔리면서 꾸준하게 수익을 올려 주면 효자 상품이고, 그 반대면 불효자 상품이다. 상인경영의 회사는 철저하게 수익을 내는 상품 위주로 판매한다. 반면 장인경영의 회사는 수익을 내지 않는 상품도 판매한다.

수익을 내는 상품과 그렇지 않은 상품을 숫자로 분석하는 것을 '품목관리'라고 한다(품질관리가 아니다). 이 품목관리를 철저히 해서 상품이 갖고 있는 '이익의 수명'

을 유심히 확인하지 않으면 이익이 나지 않는 상품을 마냥 판매하고 있게 된다. 물론 지금은 효자 상품이 아니지만 앞으로 효자 상품이 될 수 있는 상품에 대해서는 고려할 필요가 있다.

품목관리를 철저히 하면 '이익률이 내려간다', '판매량이 떨어진다', '이익이 감소하고 있다', '매출이 줄어든다'와 같은 문제가 숫자로 분명하게 드러난다. 이것을 순위로 매겨서 이익이 나는 상품은 판매하고, 나지 않는 상품은 생산 중지를 검토한다.

나는 전혀 팔리지 않는 상품을 **'시든 상품'**이라고 부른다. 이런 상품은 판매 중지를 선언하고 재고 카탈로그에서 빼는 작업 등으로 흔적도 없게 한다. 그리고 이익률이 좋지 않은 상품은 **'시들고 있는 상품'**이라고 부르면서 판매를 중지하도록 제안한다. 가까운 시일 안에 판매를 중지하겠다는 사실을 사내외에 알리는 것이다.

'시든 상품'은 가격을 올려라

3대째 대를 이어 운영되고 있는 철공소 S사에 컨설팅을 하러 갔을 때의 이야기다. 회사의 경영상태를 보니 엄청난 적자를 내고 있는 상품이 있었다.

"아, 그건 30년 전부터 계속 해오던 일입니다. 선대가 젊었을 때 따온 일인데, 계속 가격을 낮추다 보니 현재는 이익이 전혀 나지 않습니다. 오랫동안 거래를 해온 곳이라서 서비스 차원으로 하고 있습니다."

냉혹한 표현일지 모르지만 이익이 전혀 나지 않는 '시든 상품' 은 버려야만 한다. 방치하면 할수록 회사의 발목을 잡게 된다.

관계를 오래 맺고 있어 아무리 생각해도 거래를 끊을 수 없다면 당당하게 가격 인상을 협상해야 한다. 관련 자료를 충분히 준비해서 "사실 몇 년 전부터 이익이 나지 않고 있습니다"라고 운을 뗀 다음, 희망하는 가격을 능숙하게 전달해야 한다. 오랫동안 함께 해온 관계이므로 어떤 대책을 생각해주거나 희망하는 가격이 너무 높으면 발주하지 않을 것이다.

'가격은 그렇게 간단하게 올릴 수 있는 문제가 아니다' 라고 생각하는 사람이 많다. 하지만 나는 많은 회사를 컨설팅하면서 가격 인상을 이끌었다. 그 사례 중 하나가 앞에서 소개한 A사다.

만일 세계적으로 원자재가 오른다면 가격을 올릴 수 있는 천재일우의 기회다. **가격을 올릴 때는 대의명분이 필요한데** 그러한 대외적인 상황이 중요한 명분이 될 수 있기 때문이다.

6장

가격 인하

영업자는 쉽게 가격을 내리지 않는다

직원의 자의적 결정으로 진행된 '가격 할인', '청구 누락'이 회사의 이익을 조금씩 갉아먹고 있다.

8200 130025

01

가격 인하를 사장만 모르고 있다

단골이라며 가격을 깎아주는 점원

경영자의 눈이 미치지 않는 현장에서 제멋대로 가격이 깎아지는 모습을 흔히 볼 수 있다. 현장에서 고객과 만나는 영업자라면 함부로 가격을 깎아서는 안 되는데 놀랍게도 멋대로 깎는 바람에 마땅히 회사로 들어가야 할 돈이 들어가지 못하는 경우가 의외로 많다.

5장에서 언급했던 세탁소에 또다시 세탁물을 맡기러 갔더니 직원이 웃으면서 다음과 같이 말했다.

"항상 찾아와 주셔서 감사합니다. 이번에는 정가의

30퍼센트를 할인하여 드리겠습니다."

"예? 왜 할인해주는 거죠?"

"우편함에 할인권이 들어 있지 않았나요?"

"들어 있었던 것 같은데…."

그러자 직원은 "단골이시니까 할인권을 들고 오시지 않으셔도 됩니다"라고 말하면서 할인권을 내게 줬다.

할인권을 보니 '5회에 한해 할인하여 드립니다'라는 글이 적혀 있었다. 하지만 이런 상황이라면 일일이 할인권을 확인하지 않으니 몇 번을 맡겨도 30퍼센트 할인을 받을 수 있게 된다. 결국 직원은 안이하게 가격을 깎아주고 있었다. 이렇다면 힘들게 만든 이익이 허무하게 날아가 버린 꼴이다.

분명 경영자는 이 상황을 모르고 있을 것이다. 빈틈없이 계산하는 경영자라면 당장이라도 이런 일을 그만두게 한다. 가격이 저렴해지면 '고객인 나로서는 감사할 일이지만 세탁소의 경영은 괜찮을까?'라는 걱정이 앞서는 것도 사실이다.

부탁도 하지 않았는데 갱신수수료가 반값!

내가 사는 아파트의 계약 갱신시기가 다가오던 어느 날, 새로운 계약서와 갱신에 필요한 금액이 적힌 견적서가 날아왔다. 1개월분의 월세와 갱신수수료로 1개월분 월세가 추가로 더 든다고 되어 있었다(일본은 2년마다 임대차 계약을 갱신하는데 통상 1개월분의 월세와 또 다른 1개월분의 월세, 모두 2개월분을 갱신수수료 명목으로 지불한다).

'갱신하는 것만으로 월세 2개월분이 드니 차라리 이사를 갈까? 그런데 이사는 귀찮은데…' 라는 생각으로 고민하다가 별생각 없이 들어간 다른 부동산에서 갱신수수료를 반값으로 해준다는 글을 보게 되었다. 얼마 후 현재 아파트를 관리해주는 부동산의 영업사원이 찾아왔다. 내가 무심코 "고민을 하고 있어요. 다른 부동산에서는 수수료를 반값으로 해주는 것 같은데…"라고 말하자 영업사원은 잠시 생각하더니 다음과 같이 말했다.

"알겠습니다. 반값으로 해드리겠습니다."

나는 가격 인하에 대해 논할 생각이 전혀 없었기 때문에 이렇게 간단히 수수료를 반값으로 해준다는 말을 듣고 매우 놀랐다. 동시에 '이 영업사원은 자신만의 판단으로 할인하고 있는지 모르겠다' 라는 생각이 직감적으로 들었다. 만일 '반값으로 해도 좋다' 는 규칙이 있으면 문제가 없겠지만 현장에서 벌어지고 있는 이런 일을 사장이 모른다면 경영상 큰 문제라고 할 수 있다.

가격 인하에 관한 규칙을 만든다

내가 예전에 컨설팅을 했던 회사에서 벌어진 일이다. 어느 날, 사장의 고함이 사무실에 울려 퍼졌다. 사정을 들어보니 전무가 50만 엔의 제품을 8만 엔이나 할인해서 판매했던 것이다. 이 회사에서는 할인할 때 사장의 승인을 받아야 하는데 전무가 지키지 않았다.

전무라면 회사의 임원급인데 그 위치에 있는 사람도 회사의 규정을 지키지 않고 멋대로 위반한 것이다. 그런 모습을 보면 현장의 영업사원도 마찬가지라는 것을 쉽게 상상할 수 있다. 그 회사는 직원들이 매우 바쁘게 움직이지만 이익은 전혀 나오고 있지 않았다. 할인 원칙이 철저하게 지켜지지 않는 기업 풍토에 문제가 있는

지 모르겠다는 생각이 들었다.

상인경영의 회사는 가격 인하에 관한 원칙을 구체적으로 만들고 철저하게 지키고 있다. 이에 반해 장인경영의 회사는 이런 부분을 소홀히 하고 있어서 직원 개개인이 멋대로 할인하고 있다.

가격 인하가 횡행하는 문제를 방지하기 위해서는 그에 대한 규칙을 만들고 철저하게 지키면 된다. 예를 들어, '30만~35만 엔의 범위에서 판매한다'라는 '판매가격의 범위'를 정하고 그 범위에서 결정하지 못하는 경우에는 '특별가격 신청서'를 제출하게 하는 것도 하나의 방법이다. 이렇게 하면 이익을 갉아먹는 가격 인하는 없어지게 된다.

02

무시할 수 없는 '우수리 할인'

90전을 허공으로 날려 버리다

부품가공회사 T사에는 '우수리 할인'이라는 상관습이 존재하고 있었다. 판매가격을 정할 때 끝자리는 버리고 결정하는 것을 말한다. 사실 이 우수리 할인은 경영상 무시할 수 없는 부분이다.

T사 영업사원은 견적금액이 100엔 90전(1전은 1엔의 100분의 1)으로 나오면, 90전은 버리고 100엔으로 결정한다. **90전이라고 하면 약 1퍼센트의 이익에 해당하는 수치다!** 영업사원은 그런 것에 신경 쓰지 않고 보

란 듯이 1퍼센트의 이익을 회사가 손해 보게 만든 것이다.

1전만 깎는다

나는 이러한 상관습을 없애라고 강하게 주장했다. 할인하지 않으면 거래가 끊길 거라며 불안해하는 영업사원들에게 다음과 같은 제안을 했다.

"그렇다면 1전만 깎아주는 것은 어떻겠습니까?"

'1전'이 바로 포인트다. '1전'은 소액이지만 가격 인하를 해주는 최소한의 성의는 보여주면서 그리 나쁜 인상을 주지 않는다. 게다가 1전이라고 말하면 상대방은 '경영이 좀 어렵나 보다'라고 생각하면서 할인하려는 것을 그만둘 수도 있다. 다음 해에 하게 될 협상에서도 가격 인하를 말하기 어렵게 느낄지도 모른다.

그런데 "1엔 정도 할인할 수 있습니다"라고 말하면 분명 '이 회사는 아직 여유가 있구나. 내년에 협상할 때 가격 할인을 요구해야겠다'라고 생각할 수 있다.

안이한 우수리 할인은 여러 업계에서 관습적으로 행

해지고 있다. 하지만 회사의 이익은 점점 줄어들게 된다. 여러분의 회사에 아직 이런 상관습이 있는지 확인할 필요가 있다.

03

가격 후려치기

지불단계에서 깎아 달라고 한다

업계에서 사용되는 나쁜 상관습 중 하나로 지불단계 직전에 가격을 깎는 '가격 후려치기'가 있다. 예를 들어, 지불액이 313만 2,000엔인데 "2,000엔을 깎아 달라"고 하거나 심하면 "3만 2,000엔을 깎아 달라"고 요구하는 경우도 있다. 3만 2,000엔을 할인해주면 약 1퍼센트의 이익이 날아가 버린다.

하청업체에 '갑질'을 한다는 의식이 없는 회사는 이런 할인을 당연한 듯이 요구한다. 그러면 약한 입장에 있는 하청업자의 영업사원은 마지못해 "알겠습니다"라면서 고개를 숙이게 된다.

가격 후려치기 대신 단가로 가격 인하를 유도하다

내가 컨설팅을 했던 금속가공회사 U사도 가격 후려치기에 시달리고 있었다. 견적단계에서 깎이고, 지불단계에서도 할인을 요구받아 매우 힘든 상황이었다.

가격 후려치기에 응하지 말라는 제안에 사장은 계속 망설였다. 그래서 나는 **"가격 후려치기 대신 제품단가를 낮추겠다고 제안하십시오"**라고 조언했다.

나는 무엇보다 이 나쁜 관습을 끊는 것이 목적이었다. 가격 후려치기는 경우에 따라 10만 엔을 깎을 수도 있고 50만 엔을 깎을 수도 있다. 게다가 있어서는 안 되는 일이지만 현장에서 가격 협상을 하는 영업사원의 주머니에 들어갈 수도 있다.

더 큰 문제가 하나 더 있다. 바로 원가 관리상의 문제였다. 그렇게 깎은 금액을 어느 제품이 부담할 것인지 불분명해진다. 여하튼 가격 후려치기는 경영의 투명성을 해치는 악습이다. **차라리 제품단가에서 내려주는 편이 낫다. 단가는 가격 결정에 관한 원칙을 토대로 나중에 확인할 수 있기 때문이다.**

이후 U사는 '이제부터 지불단계에서 가격 협상을 하지 않고, 대신 제품단가를 할인하겠습니다'라는 문서를 작성해 고객을 설득하기 시작했다. 가격 후려치기에 전전긍긍하는 회사는 지금 당장이라도 투명성을 해치는 상관습을 타파하길 권한다.

제대로 된 제품에는 제대로 된 가격

앞에서 말한 U사는 특정 가공분야에서 다섯 손가락 안에 들 정도로 기술이 뛰어난 회사다. 그런데 전형적인 장인경영의 회사였고 '어디서 얼마에 판매하고 얼마의 수익을 내야 하나?'에 둔감했다. 그런데도 몇억 엔이나 하는 고액의 설비 투자를 하고 있었다.

고액의 설비 투자로 만든 신제품의 판매가격을 물으니 200엔이라는 믿을 수 없을 정도로 낮은 금액이 사장의 입에서 나왔다. 상세하게 들어보니 원가에 5퍼센트 이익을 붙여서 가격을 산출한 것이다. '원가+5퍼센트'가 가격 결정의 기준이었던 것이다.

"너무 가격이 낮습니다. 490엔으로 판매합시다!"

그러면 이익률이 지금보다 훨씬 높아진다. 내가 이렇게 단언할 수 있었던 이유는 일반적인 공법으로 만든 타사 제품의 가격이 500엔이라는 사실을 알고 있었기 때문이다. 그런데 사장은 그렇게 비싸게 받는 것에 죄책감을 갖고 있는 듯이 보였다.

"그 정도 가치가 있는 훌륭한 제품이니 자신감을 갖고 비싸게 팔아도 됩니다. 그리고 이익을 내지 못하는 제품은 전부 가격을 올립시다."

"예? 가격을 올리다니…. 지금까지 한 번도 생각해본 적이 없는데, 정말 가격을 올려도 될까요?"

사장을 비롯한 모든 관계자가 판매가격은 인하만 하는 것이라는 생각이 머릿속에 뿌리 깊게 박혀 있었다. 하지만 나는 훌륭한 기술을 헐값으로 팔고 있다는 점을 알고 있었기에 가격 인상을 하도록 했다. 그 이후 U사가 큰 이익을 올리게 된 것은 말할 필요도 없다.

U사처럼 장인경영을 하고 있는 회사가 수두룩하다. **제대로 된 제품에는 제대로 된 가격을 붙인다**는 의식을 갖는 것만으로도 상인경영의 회사로 탈바꿈할 수 있다.

04

최고의 가격을 찾아라

고객과의 협상으로 가격이 결정된다

고객의 가격 인하 요구를 들어주는 것은 결코 나쁜 일이 아니다. 가격을 깎지 않고 판매할 수 있으면 그보다 좋은 일이 없겠지만, 현실적으로 가격 인하 요구에 응하는 경우가 많다. 그렇다고 거래를 성사시키려는 욕심에 무턱대고 가격을 깎아줘서는 안 된다. **'프로'라면 가격 협상을 통해 최대한 적게 깎아주면서 거래를 성사시켜야** 한다.

회사에 재직할 당시 구매를 담당하고 있었다. 부품

조달과 관련해서 세 회사에 견적서를 의뢰했다. a사는 70엔, b사는 75엔, c사는 77엔을 보내줬다.

사실 나는 견적서를 받기 전부터 이번에 주문하는 부품은 평소 b사가 잘 만드는 것을 알고 있어 b사에 의뢰할 생각이었다. 그런데 견적서를 받아보니 b사는 두 번째로 가격이 높았다. 이 가격으로는 발주가 힘들어서 b사의 담당자를 불러 2차 협상을 하기로 했다.

가격을 협상하러 온 사람은 입사한 지 4~5년 정도 되어 보이는 젊은 영업사원이었다. 그는 어떻게든 수주하려는 의지를 강하게 보였다. 나 역시 b사에 마음이 있어서 견적서를 다시 부탁했다. 영업사원은 내일 아침 일찍 팩스로 보내주겠다면서 돌아갔다.

극단적인 가격 인하는 고맙지 않다

다음 날, b사의 영업사원이 보낸 견적서를 팩스로 받았다. 견적서에 적혀 있는 금액을 보고 나도 모르게 "이런 황당한 일이…"라고 중얼거렸다. 견적서에는 '60엔'이 적혀 있었다.

사실 60엔은 너무 싼 금액이다. 이익이 거의 나지 않을 것이다. 분명 다음 해가 되면 가격 인하를 요구하게 되니 내년에 깎을 수 있는 금액 정도는 남겨둬야 한다. 내 입장에서는 극단적으로 한꺼번에 가격을 낮추는 것보다 매년 조금씩 낮추는 것이 좋다. 갑자기 거래처가 망하면 곤란해지기 때문이다. 어느 정도 이익을 내고 좋은 제품을 제때에 납품해주는 것이 발주하는 회사에게도 이득이다.

사실 나는 가장 가격이 낮았던 a사의 70엔보다 조금 낮은 '69엔' 정도를 기대하고 있었다. 그렇게 되었다면 기꺼이 b사에 발주했을 것이다.

이 69엔이라는, **고객에게서 받을 수 있는 최고의 가격을 찾는 것이 영업사원의 일**이다. 그런데 그 영업사원은 내 '희망가격'을 묻지 않고 돌아갔다. 이것은 영업사원을 제대로 교육시키지 않은 b사의 실책으로 보인다.

눈치가 빠른 영업사원이라면 "어느 정도로 가격을 낮추면 괜찮을까요?"라고 물었을 것이다. 이러한 눈치나 센스를 발휘하는 영업사원을 양성하는 것이 경영자가 할 일이다.

05

청구를 누락하면 이익이 날아간다

추가 주문의 대금이 청구되지 않고 있다

나는 지금까지 수많은 회사에서 경영 컨설팅을 진행했는데, 거의 대부분 회사에서 '청구 누락'이 발생하고 있다는 것을 발견했다.

토목자재를 취급하는 V사에서는 운반요금을 청구하지 않는 일이 상습적으로 일어났다. V사는 보통 현장 한 곳당 4톤 트럭 2대분의 자재를 납품하는 것이 관례였다. 그런데 이 과정에서 대부분 추가 주문을 받았다.

일반적인 경로라면 영업사원에게 추가 주문 전화가

들어가지만 급한 경우이거나 영업사원이 부재중이면 운전기사가 주문을 받았다. 바로 이 부분에서 문제가 발생했다. 추가로 운반요금이 발생한 사실이 영업사원에게 전달되지 않아 결과적으로 청구 누락이 되는 경우가 종종 생긴 것이다.

일반적인 청구는 모든 사람이 신경 써서 누락되는 경우가 적은 반면, **추가적이거나 변경되는 부분 또는 부속품 발송 등 비정기적인 경우의 청구는 누락되기 십상이다.** V사의 경우에는 외부의 급한 연락을 받으면 '누구에게 어떤 방법으로 전달한다' 라는 규정이 명확하게 정해져 있지 않는 것, 관리하는 담당자가 수시로 자리를 비우는 상황 등이 청구 누락의 원인이었다.

청구가 누락되지 않는 구조를 만들다

자동차 정비회사 W사도 청구가 누락되는 일이 자주 발생했다. 보통 차를 정비할 때는 엔진, 브레이크, 타이어 등 정기적인 점검항목이 정해져 있는데 종종 점검 중에 상태가 좋지 않은 부분이 새롭게 발견되어 추가적으로 작업하는 경우가 발생했다.

이런 경우 W사에서는 추가로 청구해야 하는 항목을 정비 담당자가 점검표에 직접 손으로 메모하면 그것을 접수 담당자가 보고 청구하는 구조로 되어 있다. 그런데 그 메모가 훼손되어 읽을 수 없게 되거나 깜박하고 기입하지 않으면 제대로 청구할 수가 없었다.

그래서 W사는 점검표를 '통상작업항목', '추가로 발생하기 쉬운 작업항목', '그 외 작업항목' 등으로 나눠 기입하는 구조로 변경했다. 다시 말해 누가 보든, 누가 했든 추가로 청구해야 할 항목을 한눈에 알 수 있게 한 것이다. 작업이 끝나면 접수 담당자에게 건네줘서 청구해야 할 항목을 일괄적으로 관리하게 했다. 이런 구조를 만든 후, 청구를 누락시키는 문제가 크게 감소되었다.

지금 당신의 회사에도 청구되지 않은 대금이 있을 수 있으니 우선 그 실태를 철저하게 조사해볼 필요가 있다.

7장

현물
방치해두면 이익을 깎아 먹는다

고객이 맡겨 놓은 물품이나 지급품 등은 성가신 존재다. 방치하면 회사의 이익이 줄어든다.

8200 130025

01

무턱대고 보관해주면 안 된다

3년 전에 판매한 제품이 아직도 창고에 있다

제품을 만들다 보면 거래처가 잠시 맡아 달라고 해서 보관하는 경우, 부품을 받아 사용해야 하거나 샘플을 제공해야 하는 경우 등이 생긴다. 이때 발생하는 물품을 보통 '현물現物'이라고 한다. 고객이 맡겨 놓은 제품이나 지급품, 샘플 등이라고 생각하면 된다. 그런데 이런 현물이 때로는 애물단지가 되어 회사의 이익을 압박하기도 한다.

기업과 기업 간의 거래에서는, 제품을 계약대로 다

만들고 입금까지 완료되어 보내려는데 갑자기 고객이 당장 쓸 수가 없거나 보관할 장소가 없으니 잠시만 맡아 달라는 연락을 받는 경우가 발생한다. 이렇게 요청으로 잠시 맡게 되는 제품을 '보관품'이라고 한다. 하루나 이틀 정도면 별문제가 없다. 하지만 그중에는 **1개월, 3개월, 심하면 수년씩이나 맡기는 경우**도 있는데 매우 심각한 결과를 초래한다.

나는 전기제품을 하청받아 만드는 X사의 사장에게서 "재고관리를 지도해달라"는 의뢰를 받고, 회사의 창고를 방문하게 되었다. 4개의 큰 창고에 먼지를 잔뜩 뒤집어쓴 제품이 쌓여 있었다. 제조년도를 보니 이미 3년이 지났으며 완성품처럼 보였다. X사는 수주제품을 만드는 회사이므로 이렇게 완성품이 쌓여 있을 이유가 없었다.

"사장님, 혹시 이건 완성품이 아닌가요?"

"그건 신경 쓰지 않아도 됩니다. 고객의 자산이니까요."

"그렇다면 이미 판매된 상품인 건가요?"

"네. 그런데 맡겨서 여기에 보관하고 있는 것입니다."

자세히 보니 창고 안의 반 이상은 고객이 맡긴 제품들이었다. 옆 창고에도 상황은 마찬가지였다. 전기제품은 낡지 않으니 보관해도 큰 문제는 없을 거라고 생각할지 모르지만, 전기가 흐르지 않은 채로 방치해두면 액이 새거나 해서 사용할 수 없게 된다.

"사장님, 이 제품을 출하할 때 제대로 작동이 되지 않으면 어떻게 되나요?"

"그런 일이 생기면 곤란하지만 다시 만들 수밖에 없을지도 모르겠네요."

"창고에 불이 나거나 홍수 피해를 입을 가능성도 있겠죠?"

"그렇습니다. 그렇게 되면 우리 돈으로 다시 만들어야겠네요."

"그렇게 하면 회사가 망할 수 있지 않습니까? 혹시 보관품에 무슨 일이 생겼을 때 책임을 피할 수 있는 어떤 계약을 해놓으셨나요?"

"아니요. 듣고 보니 심각한 문제네요."

"게다가 창고에 두는 것만으로도 비용이 듭니다. 전기요금이나 창고 보험료도 추가로 들죠. 혹시 고객에게서 보관료를 받고 있으신가요?"

"받고 있지 않습니다."

X사의 사장은 이익에 대한 의식이 너무 없었다. 아니나 다를까, 이 회사는 오래전부터 수익을 전혀 내지 못하고 있었다.

나는 X사와 같은 전기제품을 만들고 있는 Y사에도 컨설팅을 하러 간 적이 있었다. Y사의 창고에도 고객이 맡겨 놓은 제품이 잔뜩 쌓여 있었다. 그렇지만 Y사는 이익을 꽤 많이 내고 있었다. 그 비밀은 바로 '보관료'에 있었다.

Y사는 보관품에 대해 확실하게 보관료를 받고 있었다. 보관료로 회사 전체의 수익을 올리고 있다고 해도 과언이 아닐 정도로 상당했다.

보관료에 대해 사전에 합의한다

보관품에 대한 대책에는 무엇이 있을까? 우선 신규로

거래하는 경우에는 "제품은 저희가 보관하지 않습니다"라고 확실하게 말해야 한다.

만일 보관품이 발생하는 경우에는 기준을 만들어서 철저하게 지키는 것이 중요하다. 구체적으로 말하자면 '제품을 보관할 때는 보관료를 받는다', '보관품에 문제가 발생하면 책임을 지지 않는다'와 같은 사항을 계약단계에서 정하고 문서로 작성해야 한다. 아울러 보관품에 관한 규칙도 영업사원이 현장에서 확실하게 대응할 수 있도록 교육시켜야 한다.

여담이지만, 한 유명한 가게에서 구두를 산 적이 있었다. 구두의 모양이 망가지는 것을 방지하는 슈 키퍼 shoe keeper(구두 안에 넣는 나무나 플라스틱 등의 모형)를 직원이 권했다. 내가 망설이자 그 직원은 "일주일 동안 고민해 보시고 필요하시면 연락을 주십시오"라면서 내 연락처를 물었다.

나는 슈 키퍼를 까맣게 잊고 있었는데 일주일 뒤에 슈 키퍼 구입과 관련한 그 직원의 전화를 받았다. 구입하지는 않았지만 똑 부러지게 일처리를 하는 그 직원에게 감탄했다. 분명히 그 가게는 '이럴 경우에는 이렇게 한다' 와 같은 규칙을 직원들에게까지 철저하게 교육시키고 있는 것이다.

02

불량품이나 결손품을 경계하라

지급품에서 문제가 발생했다

보통 수주제품을 취급하는 회사는 고객에게서 원재료나 부품을 받아 만든다. 이때 받는 원재료, 부품을 '지급품'이라고 한다. 그런데 지급품이 문제가 되는 경우가 적지 않다.

자주 발생하는 문제가 납기일에 맞춰 지급품이 들어오지 않는 경우다. 예를 들어 인쇄회사에서 엽서를 삽입하게 되었다고 해보자. 엽서가 납기일에 맞춰 도착하지 않으면 계획대로 생산 라인을 가동할 수 없게 되어 인쇄소로써는 큰 손실을 입게 된다.

지급품이 불량이어서 사용하지 못하는 경우도 흔하다. 특히 철, 플라스틱 등은 불량률이 더 높아진다. 이렇게 되면 당연히 원가는 올라간다. 지급품이 자사에 '최적이다' 라고 정해진 것이 아니기 때문에 문제는 당연히 생길 수밖에 없다.

지급품을 사용할 때에는 가격 결정단계에서 납기일이 지켜지지 않는 경우와 불량품이 들어오는 경우의 처리방안에 대해 충분하게 논의할 필요가 있다. **이와 관련해서 작업상황이 발생하면 사정을 충분히 설명하고 비용을 추가로 청구하는 원칙까지** 세워야 한다.

물론 실제로 돈을 받을 수 있는지 여부는 경우에 따라 다르겠지만 받지 못해도 차후에 가격 협상의 카드로 활용할 수 있다. 예를 들어, "항상 지급품 중에 불량품이 많아 문제가 발생하니 그 점을 조금 고려해주실 수 없나요?"라고 말을 꺼내면 가격 할인의 요구를 완화시킬 가능성이 있다.

고객이 지정해주는 업자도 문제의 원인

고객이 지정해준 업자와 거래할 때도 문제가 생길 여지가 충분하다. 여기서 '업자'란 고객이 지정한 매입처를 말하며, 보통 그곳과 직접 거래를 하게 된다. 이것이 업계에서도 문제의 씨앗이 되고 있다. 예를 들어, 건설업계에서는 대형 디벨로퍼developer(땅 매입부터 기획, 마케팅, 사후관리까지 총괄하는 부동산 개발업체)가 계열 자회사에 설계를 맡긴다. 이때 디벨로퍼의 하청업체는 그 계열 자회사와 직접 거래하면서 설계자료를 받는다. 그런데 이 설계자료가 좋지 않으면 일일이 문의하거나 직접 수정하게 되어 원가가 상승하게 된다.

따라서 이런 경우에는 지급품처럼 가격 결정단계에서 고객이 지정해주는 업자와 관련된 정보를 많이 수집해둔다. 그래야 문제가 발생했을 때 책임 소재와 보상 등에 대한 논의를 제대로 할 수 있다.

03

작은 '덤'이 문제다

따뜻한 물은 유료인가? 무료인가?

한 방송에서 술을 좋아하는 연예인이 이런 불만을 털어놓았다.

"술집에서 소주에 섞어 마시려고 따뜻한 물을 좀 달라고 했더니, 100엔을 달라고 하더군요. 따뜻한 물에 돈을 받는 건 좀 심하지 않나요?"

손님 입장이라면 '따뜻한 물 정도는 서비스로 줘도 되지 않나?' 라고 생각할 수도 있다. 그러나 물을 데울 때 추가로 비용이 들므로 따뜻한 물이 유료인 것은 이치에 맞는다. 알고 보니 그 술집은 우량 체인점이었다. 이익의식을 철저하게 갖고 있는 기업이라는 생각이 들었다.

한 메밀국수집에서 식사를 하고 있었다. 내 앞에 있던 손님이 "파를 많이 넣어 달라"고 하니 점원은 싫은 기색 없이 메밀국수 위에 파를 수북이 올려줬다. 미역 같은 것을 토핑하면 유료인데 파는 아무리 많이 얹어도 무료다. 아무리 생각해도 이상하다. 원가가 저렴하기 때문이라고 한다면 할 말은 없지만 파도 분명 점원의 노동력과 재료비가 들어가니 확실히 원가에 영향을 미치게 된다.

상인경영의 관점이라면 일정량 이상의 파를 요구하는 경우에는 적절하게 가격에 반영하는 방안을 고민해야 맞다고 본다.

이익의식으로 불필요한 서비스를 막는다

앞에서 소개한 세탁소에서는 직원이 자신의 재량으로 서비스를 한 결과, 이익이 조금씩 날아가고 있었다. 교육을 통해 이익의식이 철저하게 주입되지 않으면 이와 같은 '서비스'를 연발하는 직원이 계속 나오게 된다.

패밀리 레스토랑에서 근무했던 지인에게 들은 이야기다. 함께 일하던 아르바이트 학생은 친구가 오면 디저트 아이스크림 하나를 서비스로 준다고 한다. 아르바이트 학생의 개인적인 판단으로 서비스가 제멋대로 횡행하고 있는 것이다. 이런 서비스는 당연히 이익을 갉아먹는 결과로 이어진다.

직원이 멋대로 주는 서비스는 경영자가 모르는 사이에 일어나고 있다. 이러한 사태를 미연에 방지하기 위해서는 이익의식에 대한 교육이 필요하다. **이익을 만드는 일이 얼마나 힘든 일인지를 직원에게 이해시켜야 한다. 경영자의 중요한 일 중 하나**라고 할 수 있다.

현장에서는 임의로 100개를 더 넣을 수 있다

가볍거나 작은 제품을 만드는 회사에서는 납품할 때 한 번에 5천 개, 1만 개와 같은 단위로 진행된다. 이때 일일이 셀 수 없어서 무게를 재는 것으로 대신한다. 그러나 하나하나의 무게가 약간씩 다르기 때문에 실제 수와 맞지 않는 경우가 일반적이다. 개수가 부족할 것에 대비해 몇 개 정도 더 넣기도 한다.

이럴 때 이익의식이 확실한 회사는 제품의 종류별로 추가하는 양을 미리 정한다. 반면 이익의식이 낮은 회사는 현장에 맡기고 신경 쓰지 않는다. 그래서 10개를 더 넣는 직원이 있는가 하면 심지어 100개를 더 넣는 직원도 있다. 이런 일이 여러 번 쌓이면 결코 작은 숫자가 아니다. 사소한 부분이라도 확실하게 원칙을 세우는 것이 필요하다.

04

샘플은 무료다?

샘플이라도 제작비용은 청구한다

수주생산을 하는 회사는 샘플을 고객에게 제출해서 품질 등에 대해 승인받는 단계를 거친다. 이때 샘플은 양산 전이기 때문에 당연히 손으로 직접 만드는 경우가 많아서 적지 않은 원가가 들어간다.

그런데 내 경험으로 보면, 장인경영의 회사는 이 샘플을 무료로 고객에게 제공한다. 반면 **알뜰하게 이익을 내는 상인경영의 회사는 샘플도 유료로 제공**하고 있다.

샘플을 만들게 되면 제작비용을 청구해야 한다. 특히

수주제품은 고객과 공동개발을 하는 경우가 많기 때문에 청구하는 것이 원칙이다. 하청업체만 부담하는 것은 이치에 맞지 않는다. 만일 어떤 사정으로 전부를 청구할 수 없다면 "가공비는 우리가 부담할 테니 적어도 재료비 정도는 받았으면 좋겠다"라고 부탁하는 것도 하나의 방법이다. 그 정도 제안은 상식의 선을 넘는 것이 아니기 때문이다.

인지도를 높이기 위해서는 무료로 제공한다

단, 제품이 시장에서 인지도가 낮아 홍보할 필요가 있을 때에는 예외적으로 한다.

마쓰시타 전기가 자전거용 램프를 개발했을 때 이야기다. 이미 다른 회사에서 만든 램프가 있었는데 2~3시간이 지나면 전지가 소모되었다. 이것을 본 마쓰시타 고노스케는 다음과 같이 생각했다.

'오래 지속되는 램프를 만들면 팔릴 것이다.'

그렇게 해서 개발한 것이 50~60시간 지속되는 '포탄형 자전거 램프'였다. 가격도 다른 회사의 제품과 거의 비슷하게 정했다. 그런데 마쓰시타 전기의 램프는 전혀 팔리지 않았다. 원인은 소비자가 '자전거용 램프는 2시간이면 전지가 다 소모된다' 라는 고정관념을 갖고 있었기 때문이다. 그래서 마쓰시타는 도매상을 하나씩 돌아다니며 램프를 무료로 주고 계속 켜두게 했다. 마쓰시타 전기의 램프가 장시간 유지된다는 사실을 샘플로 보여주기 위해서였다. 그 결과 예상대로 그 제품은 날개 돋친 듯 팔렸다.

이런 예외적인 경우에는 적극적으로 샘플을 무료로 제공해도 좋다. 하지만 어느 정도 시장에 알려진 다음에는 이야기가 달라진다. 단가가 높거나 수량이 많은 샘플에 대해서는 제작비용을 청구해야 한다.

8장

상인경영은 어떻게 하는가?

상승요인을 가격에 반영하는 자세 등 이익에 대한 의식을 갖기 위해서는 어떻게 하면 좋을까? A사의 사례를 바탕으로 그 방법을 찾아보자.

8200 130025

01

경영자가 솔선수범하라

모든 것을 책임질 각오가 필요하다

지금까지 설명으로 '이면가격의 6가지 원칙'의 중요성에 대해 어느 정도 이해했을 것이다. 6가지 원칙의 관점으로 자사의 경영방식을 재점검하고 제품에 적정한 판매가격을 붙이면 회사는 수익이 크게 개선되리라 확신한다.

이제 실행만 하면 된다. 가능한 부분부터 시작해서 판매가격에 손을 대자. 그렇게 하면 지금까지 해왔던 장인경영에서 벗어나 상인경영의 출발점에 설 수 있다.

하지만 실제 상승요인을 가격에 반영하려고 하거나 여러 조건을 제시하면 고객의 반발에 부딪힐 가능성이 높다. 때로는 사내에서도 "그렇게 할 수 없다"는 반대의 목소리가 커질 수 있다.

그때 **"모든 책임은 내가 질 테니 반드시 해내야 한다"라는 경영자의 자세**가 제일 필요하다. 굳세게 각오하고 최선을 다하겠다는 자세가 없으면 고객의 반발이나 사내의 불안한 목소리를 잠재울 수 없다.

앞에서 소개한 A사는 채무초과 직전까지 갔을 뿐만 아니라 반복된 정리해고에 보너스도 2년 동안 삭감되는 그야말로 절체절명의 상태였다. 엎친 데 덮친 격으로 원재료의 가격이 급격하게 상승하고 있었다. 이런 상황이 계속되면 A사는 망할 수밖에 없었다. 벼랑 끝에 몰린 것이다.

'이 상태가 계속되면 앉아서 죽음을 기다리는 꼴이다. 이대로 있어서는 안 된다.'

이렇게 각오했을 때 사장의 머릿속에 떠오른 것은 직원의 웃는 얼굴이었다.

'이처럼 적자가 계속 이어진다면 직원의 얼굴을 볼 면목이 없다. 그들을 길거리에 나앉게 할 수도 없다. 직원은 내가 지킨다' 라며 각오를 다진 사장이 직원들에게 한 말은 다음과 같았다.

"책임은 모두 내가 진다. 그러니 두려워하지 말고 당당하게 가격 인상 협상에 임해라."

사장이 움직이면 사원도 움직인다

그 뒤 A사는 사장을 필두로 가격 인상 협상을 진행했다. 그전까지 가격 협상에 소극적이었던 영업사원들도 좀 더 적극적으로 임했다. A사 사장은 가격 인상 협상에 실패한 영업사원들에게 "대체 뭘 하는 거냐!"라며 추궁을 하지 않았다.

마쓰시타 고노스케는 저서 《경영에 불가능은 없다》에서 다음과 같이 말했다.

> '머리가 돌지 않으면 꼬리도 돌지 않는다' 는 옛말이 있다. (중략) 사원들이 '우리 사장은 정말 열심히 일한다', '안쓰럽다' 는 감정

이 들고, 스스로 마음이 움직이면 모두 한마음이 되어 열심히 일할 것이다. 하지만 경영자가 그렇게 솔선수범하지 않는 한 사원들은 여러분이 보여주는 모습만큼만 일할 것이다. 사람은 원래 그런 존재이다.

경영자라도 결코 앉아서 돈을 벌어서는 안 된다. 경영자 자신은 편안하게 앉아서 사원들에게 "일하시오" 라고 명령해서는 안 된다. 그런 식으로는 사원들은 결코 제대로 일하지 않을 것이다. 나는 그렇게 생각하며 행동해왔다.

사장은 각오를 다지고 직접 움직여야 한다. 이렇게 솔선수범해야 비로소 직원들도 자신감을 갖고 고객과 협상할 수 있다. 나는 수많은 회사를 컨설팅하면서 이런 생각에 확신을 갖게 되었다.

02

직원들의 의식을 개혁하라

시장점유율 70퍼센트에도 수익이 나지 않는 이유

A사의 사장이 가격 인상 협상을 실행하기 전에 직원의 의식개혁부터 시도했다. 그전까지 A사는 전형적인 장인경영의 회사였다. 사실 A사는 업계에서 둘째라면 서러워할 정도의 기술력을 갖고 있었으며 유일무이한 특허권도 보유하고 있었다. 한 제품은 시장점유율이 70퍼센트나 되었다. 그런데도 채무초과 직전까지 내몰린 이유는 무엇일까? 바로 이익의식이 희박했던 것이다.

고도의 기술은 갖고 있었지만, 그 기술로 만든 제품

을 너무 싸게 팔아서 적자가 계속 발생했다. "좀 더 가격을 낮춰 달라"는 요구를 아무 생각 없이 그대로 받아들인 결과이기도 하다. 또한 수익보다 비용 절감에 중점을 둔 것도 화를 불렀다.

처음부터 A사의 경영자나 직원이 상인경영의 사고방식을 갖고 있었다면 아마 A사는 큰 이익을 창출하는 우량기업이 되어 있었을 것이다. 매우 안타까운 과거를 지닌 회사였다.

이익은 보상이다

각오를 다진 A사 사장은 무엇보다 직원과 관계자에게 '이익의식'을 갖게 만들려고 힘을 쏟았다. **지금까지 비용 절감에 치중되어 있던 의식을 이제부터 이익을 중시하는 의식으로 전환시키는 것이 목적**이었다. 이와 관련해 회의, 조례, 사내문서 등 기회만 되면 귀에 못이 박히도록 이익을 증가시키는 일의 중요성을 설명했다.

원래 일본인은 '돈을 번다', '이익을 낸다'라는 말에 묘한 죄책감을 갖고 있다. '뒤에서 나쁜 짓을 하니까 저렇게 돈을 버는 게 아닌가' 라는 생각으로 부자를 색안경 끼고 보는 사람도 있다. 그러나 이익을 내는 것, 돈을 버는 것은 나쁜 게 아니다. 1장에서도 말했듯이 회사는 이익을 내야 하는 사명이 있다.

마쓰시타 고노스케는 저서《경영의 마음가짐》에서 '이익은 보상이다' 라고 말하고 있다.

> 기업이 이익을 남긴다고 하면 좋지 않게 생각하는 사람들이 종종 있다. (중략) 그러나 바람직한 경영 방법으로 이익을 남기는 기업에 대해서는 달리 생각해야 한다. (중략) 물자나 서비스를 많이 제공하는 기업일수록 수요자나 사회에 대한 공헌도가 높아지고, 그 보상으로서 상당한 이익을 내는 것은 당연한 일이다.

돈을 버는 것은 결코 나쁜 일이 아니다. 이익을 많이 내고 있다는 것은 그만큼 사회에 공헌하고 있다는 증거가 된다.

이익의식을 직원에게 주입시키다

현장에서 가격 협상을 하거나 각종 조건을 논의하는 사람은 사장이 아니라 직원이다. 그들에게 이익의식과 이익 방정식이 없으면 고객을 설득하기 힘들다. 이익의 중요성을 절실하게 느끼지 않으면 "가격을 낮춰 달라", "가격 인상안을 받아들일 수 없다"라고 말했을 때 순순히 물러설 가능성이 높다. 반대로 **직원 한 사람 한 사람에게 이익의식이 깔려 있으면 호랑이가 날개를 단 격이 된다. 공명하고 당당하게 가격 협상에 임하면 이익은 만들어진다.**

지금까지 원가 관리와 가격 결정의 구조를 만드는 컨설팅을 하면서 180도 바뀐 회사를 수없이 보게 되어 확신할 수 있다. 그러므로 직원의 의식개혁이 반드시 필요하다.

경영자가 열정을 갖고 자사의 현재 상황과 나아가야 할 방향, 그리고 이익의식의 중요성을 입이 닳도록 되풀이해서 전 직원에게 주입시켜야 한다. 그렇게 하면 상인경영의 토대를 만들 수 있다.

03

최악의 사태까지 생각하라

고객의 반발은 당연하다

경영자의 굳은 결심으로 직원들이 철저하게 이익의식을 갖게 되었다면, 드디어 가격 협상에 들어가야 한다. 그런데 이에 앞서 사장과 임원이 생각해야 할 중요한 것이 있다. 바로 '최악의 사태'를 염두에 두는 일이다.

"가격을 올려 주십시오", "추가 청구를 하겠습니다"라고 말하면 반발을 사는 것은 당연하다. "사정이 그렇다면 어쩔 수 없네요"라며 고개를 끄덕여주는 마음씨 좋은 곳은 거의 없다. 대부분이 자사의 이익이 감소하는 가격 인상을 쉽게 받아들이지 않을 것이며 그중에는 강경하게 거부하는 고객도 생긴다. 자칫 잘못하면 "앞으로 거래하지 않겠다"라는 말까지 들을 수 있다.

만약 회사 매출의 상당수를 차지하는 고객이 등을 돌리면 큰 타격을 입는다. 그런 위험요소를 생각하면 "협상은 포기하자"라고 꼬리를 내리게 된다. 그래서 **경영자는 협상이 결렬되고 고객에게 '거래 중지'를 통보받는 최악의 상황까지 고려하면서 위기를 탈출한 방법도 준비하고 있어야 한다.** 이렇게 하면 마음을 굳게 먹고 영업사원을 보낼 수 있으며, 영업사원도 자신 있게 협상에 임할 수 있다.

배수진을 치고 가격 협상에 나서라

앞에서 소개한 A사는 가격 협상에 들어갈 때 거래처마다 각각의 가격 인상 목록을 만들었다. 그리고 사장은 최악의 사태까지 생각했다. A사에게 최악의 사태는 매출의 20퍼센트 정도를 차지하는 a사가 반발해 거래를 중지하는 일이다.

지금까지 거래관계나 수집한 정보를 토대로 판단했을 때 a사가 거래를 끊을 가능성은 99퍼센트 없다는 예상을 하고 있었다. 그래도 남은 1퍼센트가 현실이 되면 회사의 존속을 위협할 수 있는 심각한 사태로 발전된다.

사장은 혹시 모를 그때를 대비해서 여러 가지 시뮬레이션을 하고 해결책을 마련했다. A사가 최악의 경우에 취할 수 있는 대책은 공장 두 개 중 하나를 닫고 정리해고를 단행하는 것이다. 물론 이런 상황은 피하고 싶지만 **'최악의 사태가 일어나도 극복할 수 있는 계획' 을 세우면 배수진을 치고 협상에 임할 준비를 갖추게 된다.**

04

작전 회의를 주도하라

우선 속마음을 떠본다

가격 협상을 할 준비가 갖춰지면 경영자와 영업부서가 하나가 되어 협상시기를 결정하고 협상방식에 대한 계획을 세운다.

가격 협상을 할 때, 다짜고짜 문서를 들고 가서 고객을 설득하는 것은 현명한 방법이 아니다. 아닌 밤중에 홍두깨 식으로 갑자기 '가격을 올립니다'라고 적혀 있는 문서를 내놓으면 고객은 갑자기 뒤통수를 맞은 기분이 들기 때문에 분위기가 딱딱해질 우려가 있다.

우선 영업사원이 찾아가 "원재료의 가격이 상승해서 전혀 이익을 낼 수 없습니다", "어쩌면 가격을 인상하게 될지도 모릅니다"라는 이야기를 넌지시 전달하고 상황을 지켜보면서 감을 잡아간다. 고객도 '가까운 시일 안에 가격 인상안을 제안할 수 있겠다' 라는 마음의 준비를 하게 된다. 그런 다음, 고객의 상태를 살피면서 적절한 타이밍에 가격 인상안을 꺼내면 유리하게 협상을 이끌 수 있다.

문서로 작성해야 의지가 전달된다

본격적으로 가격 협상을 시작할 때는 문서로 의뢰해야 한다. 구두口頭로 전하면 상대해주지 않거나 한쪽 귀로 듣고 다른 한쪽 귀로 흘려보낼 수 있기 때문이다. 물론 문서를 제출하기 전까지 여러 번 구두로 설명하고 준비 작업을 하는 것은 굳이 말할 필요도 없다.

내가 구매부에 있을 때 거래처에서 수많은 가격 인상 제안을 받았다. 내 경험으로는 거래처가 구두로 가격 인상을 전달하면 건성으로 들었다. 나뿐만 아니라 다른 회사의 구매 담당자도 마찬가지였다. 구두로는 절실함이 전해지지 않아 진지하게 이야기를 들으려는 마음이 생기지 않아서였다.

반드시 가격을 인상하겠다는 의지가 있는 회사는 문서로 작성해온다. 인상 날짜도 명기되어 있다. 그때부터 비로소 가격 인상과 관련된 협상에 들어가게 된다. 기한, 가격 인상 금액 등 구체적인 숫자가 적혀 있는 문서가 없으면 가격 협상은 시작되지 않는다.

한 번에 바로 결론을 내려고 생각해서는 안 된다. 반응이 부정적이면 문서를 건네주지 않고 보여주는 선에서 끝내는 것도 하나의 기술이다.

굽히지 않고 협상을 끈질기게 해나가는 것이 중요하다. 가격 협상과 관련된 카드를 논리적으로 준비하고 성의껏 설득할 수밖에 없다.

첫 번째 협상이 제대로 진행되지 않을 상황에 대비해서 두 번째, 세 번째 협상도 생각하고 있어야 한다. 또한 첫 번째 협상은 영업 담당자, 두 번째는 과장이나 부장급 인사, 세 번째는 임원이 나서게 하는 방식도 효과

적이다. 협상하는 사람의 직급이 서서히 올라가는 것을 보여줌으로써 가격 인상에 대한 의지가 전달되고 상황을 타개할 수 있는 계기가 된다.

거래가 정지되어도 영향이 적은 고객부터 가격 협상을 시작하는 것이 좋다. 가격 협상도 경험이 쌓일수록 요령이 생기기 때문이다. 제대로 풀리면 자신감이 생기고 실패해도 타격을 크게 입지 않는다. 자신감이 생기고 나서 영향력이 높은 고객에게 접근하는 것이 이상적이다.

진행상황을 확인할 수 있는 구조를 만든다

A사의 경우 협상을 시작한 지 3개월이 지난 시점부터 가격 인상에 동의해주는 고객이 나왔다. 8개월 이상이나 협상을 계속한 경우도 있었다.

이처럼 가격 협상은 장기전이다. 그래서 영업 담당자가 정기적으로 진행상황을 보고하고 관리직이 확인할 수 있는 구조를 만드는 것이 중요하다. 협상을 진행하면서 느낀 특징이나 동종업계 동향 등을 보고

하게 하면서 고객별로 꼼꼼하게 확인한다. 그리고 이에 따른 지시를 내린다. **영업사원의 재량에 맡기지 말고 관리직이 협상을 조절하는 것이 성공으로 이끄는 길이다.**

협상할 때 고객에게 가격 인상안을 좀처럼 꺼내지 못하는 영업사원도 있다. 진행상황을 점검하는 구조를 만들어 놓으면 그런 영업사원의 상황을 관리직이 확인하고 강하게 협상을 진행하도록 조언할 수 있다.

05

가격 상승은 회사를 바꾼다

가격 상승은 수주량까지 상승시킨다

A사가 가격 인상을 진행한 결과, 93퍼센트의 고객이 응했다는 이야기는 이미 소개했다. 그중에는 '7퍼센트 인하'를 요구한 고객에게 오히려 '5퍼센트 인상'을 승인받은 경우도 있었다. 그 결과 A사는 원재료의 값이 뛰었는데도 불구하고 수익이 개선되었다. 매년 1억~2억 엔의 적자를 내던 상황에서 거짓말처럼 1억 엔의 이익을 내는 회사로 변신했다.

"덕분에 3년 만에 보너스를 줄 수 있었습니다"라고

말하면서 활짝 웃던 사장의 얼굴을 잊을 수 없다. A사가 벼랑으로 내몰린 상황에서 시작한 가격 협상은 훌륭하게 성공한 것이다.

놀랍게도 가격 협상의 성과는 수익 개선만이 아니었다. **가격 인상 전보다 수주량이 늘어난 것이다.** 보통 가격 인상을 하면 수주가 줄어드는 것이 일반적인데, 오히려 수주가 늘어났다. 이유가 무엇일까?

가격 인상으로 생긴 선순환 구조

바로 **영업사원의 방문 횟수가 늘어났기 때문**이다. 나는 가격 인상을 협상할 때 "절대로 품질과 납기로 문제를 일으켜서는 안 된다"라고 A사의 직원들에게 입이 닳도록 말했다.

'QCD'의 3가지 요소가 충족되지 않으면 고객은 상품을 구입하지 않는다. Q Quality는 품질, C Cost는 비용, D Delivery는 납기를 의미한다.

가격을 인상하겠다고 말을 꺼낸 순간부터 품질과 납기로 승부를 봐야 한다. '가격은 높은데 품질은 그저 그렇고 납기도 늦는다' 라고 생각되는 순간, 고객은 등을 돌린다.

A사의 영업사원들은 품질이나 납기부분에서 문제가 생기지 않도록 하기 위해 이전보다 3배 이상 자주 찾아갔다. 방문 횟수가 늘어나면서 "이런 제품도 만들 수 있는가?" 라는 새로운 거래 문의가 급증했고 자연스럽게 수주도 늘었다. 또한 자주 얼굴을 보게 되자 문제가 생기면 바로 처리할 수 있었고 각종 문의에 발 빠르게 대처해 신뢰까지 얻었다.

이뿐만이 아니었다. 가격을 인하하는 방법밖에 몰랐던 A사의 풍토 자체가 바뀌었다. 그전까지 A사는 '가격 인상은 말도 안 된다' 라는 생각을 뿌리 깊게 갖고 있었다. 거래처에서 표창장을 보내줄 정도로 가격을 인하하는 것이 관습화되어 있었다. 그런데 가격 협상을 시작하니 93퍼센트의 거래처가 협력해줬다. 감소할 줄 알았던 수주량도 오히려 증가했다. 적자도 해소되면서 이익까지 낼 수 있게 되었다. 영업사원에게는 '하면 된다' 라는 자신감이 생겼고, 현장에서는 노동의욕이 상승했다.

이렇게 선순환 구조가 형성된 것이다.

가격 협상을 통해 A사의 경영진을 비롯한 직원들은 적절한 판매가격을 당당하게 제시하고 이익을 얻는 방식의 중요성을 몸으로 체험하게 되었다.

이익의 90%는 가격 결정이 좌우한다

제1판 1쇄 인쇄 | 2015년 7월 10일
제1판 8쇄 발행 | 2024년 1월 15일

지은이 | 니시다 준세이
옮긴이 | 황선종
펴낸이 | 김수언
펴낸곳 | 한국경제신문 한경BP
편집 | 마현숙 · 추경아
저작권 | 백상아
홍보 | 서은실 · 이여진 · 박도현
마케팅 | 김규형 · 정우연
디자인 | 권석중
본문디자인 | 디자인 현

주소 | 서울특별시 중구 청파로 463
기획출판팀 | 02-3604-590, 584
영업마케팅팀 | 02-3604-595, 583 FAX | 02-3604-599
H | http://bp.hankyung.com E | bp@hankyung.com
F | www.facebook.com/hankyungbp
등록 | 제 2-315(1967. 5. 15)

ISBN 978-89-475-4019-3 03320

책값은 뒤표지에 있습니다.
잘못 만들어진 책은 구입처에서 바꿔드립니다.